法者，尺寸也，绳墨也，规矩也，
衡石也，斗斛也，角量也，谓之法。

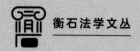

衡石法学文丛

众筹证券
法律规制研究

Research on Legal Regulation of
Crowdfunding Securities

周灿 ◆ 著

中国政法大学出版社

2021·北京

图书在版编目（ＣＩＰ）数据

众筹证券法律规制研究/周灿著. —北京：中国政法大学出版社，2021.8

ISBN 978-7-5764-0091-5

Ⅰ.①众…　Ⅱ.①周…　Ⅲ.①企业融资－法律－研究－中国　Ⅳ.①D922.291.914

中国版本图书馆CIP数据核字(2021)第177686号

书　名	众筹证券法律规制研究 ZHONGCHOU ZHENGQUAN FALÜ GUIZHI YANJIU
出版者	中国政法大学出版社
地　址	北京市海淀区西土城路 25 号
邮　箱	fadapress@163.com
网　址	http://www.cuplpress.com (网络实名：中国政法大学出版社)
电　话	010−58908466(第七编辑部) 010−58908334(邮购部)
承　印	固安华明印业有限公司
开　本	720mm×960mm　1/16
印　张	11.5
字　数	160 千字
版　次	2021 年 8 月第 1 版
印　次	2021 年 8 月第 1 次印刷
定　价	65.00 元

前　言

　　1884 年，纽约市市长格罗弗·克利夫兰（Grover Cleveland）听从著名报业人约瑟夫·普利策（Joseph Pulitzer）的建议用大众集资的方式，将自由女神像树立在了纽约港口。1997 年，英国乐队海狮合唱团通过网络粉丝的捐赠筹集到了去美国巡演的经费。2007 年，目前世界领先的借贷众筹平台 Lending Club（借贷俱乐部）开业。穿越近 200 年的历史，我们发现，今天我们在互联网上进行的众筹行为与当年如出一辙，只是互联网的应用赋予这一古老的金融工具以新的生命与活力。

　　众筹证券是互联网和金融有机结合产生的证券新品种，它既不同于公募证券也不同于私募证券。与公募证券相比，它在发行方式、转售限制、信息披露、合格投资者方面都有自己的要求；与私募证券相比，它在发行、转售、合格投资者方面的要求更加宽松。2012 年，美国的《初创期企业推动法案》赋予了众筹证券合法性地位，给予了 12 个月内 100 万美元以下的众筹发行注册豁免。该法案要求发行人必须进行信息披露，披露对象包括美国证券交易委员会、投资者、经纪商或众筹平台以及潜在投资者。在转售和合格投资者方面，设定了为期一年的转售限制期，并为合格投资者划定了界限。虽然，中国尚未将众筹证券纳入法律调整范围，但实践中已出现并发展的众筹行为足以让我们惊叹。据统计，2014 年上半年，中国股权众筹领域共有 430 个项目获得融资，募集资金达 15.5 亿元。借贷众筹方面，截至 2013 年底融资金额已达 272 亿元。[1]最近两年借贷类众筹产品的纷纷"暴雷"也在向我们警示，如果缺乏适当的投资者保护制度、准入制度、法律责任体系，在金融领域的创新可能造成的不良社会影响远超我们想象。

2014 年底，中国证券业协会发布《私募股权众筹融资管理办法（试行）》（征求意见稿），该征求意见稿对股权众筹的合法、合规性予以明确确认，将股权众筹发行规定为非公开发行，并就股权众筹平台的定位、投资者的界定和保护、融资者的义务等作出规定。监管部门在众筹业务"去向不明"之时，及时出台监管规则，一方面有利于保护投资者合法权益，另一方面有利于众筹行业的健康发展。但该征求意见稿的完备性、适用性令人担忧。完备性方面，它缺乏对众筹证券转售市场、转售出让方、受让方的资格限制，转售持有期限方面的规定。鉴于其监管立法的实质，关于法律责任的构建也未能提及。适用性方面，它对合格投资者的要求过高，导致参与众筹证券市场变成了"高富帅"的游戏，失去了众筹证券普惠金融的魅力。且六年多过去了，该征求意见稿一直处于征求意见的状态，后续实施的可能性堪忧。

虽然如此，保护投资者，确保市场公平、有效、透明以及减少系统风险对于众筹市场仍然是监管层的工作重点。2015 年 8 月，中国证券监督管理委员会（以下简称证监会）办公厅印发《关于对通过互联网开展股权融资活动的机构进行专项检查的通知》（证监办发〔2015〕44 号），将"股权众筹融资"界定为"通过互联网形式进行公开小额股权融资的活动，具体而言，是指创新创业者或小微企业通过股权众筹融资中介机构互联网平台（互联网网站或其他类似的电子媒介）公开募集股本的活动"。重点对

---

〔1〕 "中国众筹模式运行统计分析报告（2014 年上半年）"，载 http://wenku.baidu.com/link?url=AT1G57y_uelRXs8YF-VNB77MMWShMnrJ9Sih8Z7vbRPbxIFEcdZXliUQJaJRblm-KWAUhp_xZPPu7FahlQAz1MX2IcW7e90w7L8V3iOs_A76，最后访问时间：2018 年 2 月 6 日。

平台上的融资者是否进行公开宣传，是否向不特定对象发行证券，股东人数是否累计超过 200 人，是否以股权众筹名义募集私募股权投资基金进行检查。

2019 年 3 月，股权众筹被列入中国证监会 2019 年度立法工作计划，属于"力争年内出台的重点项目"之一，监管机关年内可能出台《股权众筹试点管理办法》。2019 年 4 月，互联网金融整治小组、网络借贷风险专项整治工作领导小组召开专题会议，指出 2019 年是专项整治的攻坚之年，要进一步加大风险处置力度，有力有序化解存量风险。会议认为，目前运营网络借贷机构总数、业务规模和借款人数的"三降"目标已经实现，要充分把握时间节点，在实现存量风险化解、机构转型方面取得重大进展。在此前提下，应妥善安排立法和监管，做到适度规制、统一监管、综合监管，在对立法权和监管权进行分配时，合理划分立法和监管边界。

目 录

第一章
中国众筹证券制度背景分析

在互联网日益渗透生产、生活的过程中，金融业的理论界和实务界也在密切关注互联网将给金融带来的巨大影响。谢平教授在《互联网金融模式研究》一文中给出了如下设想，银行、券商和交易所等中介机构都不起作用，贷款、股票、债券等的发行和交易以全款支付直接在网上进行，资金供需双方直接交易，可以达到与直接金融和间接金融一样的资源配置效率。市场充分有效，接近一般均衡定理描述的无金融中介状态。虽然这个设想看起来似乎太过超前，但是科技的发展、创新总是引领人类走向不可思议的未来。金融千百年来以保守著称，互联网以创新作为其核心价值观，在金融和互联网产生之初，没有人会想到它们可以如此美妙地结合：从 1992 年第一家网络券商 E-Trade 成立，客户可以按照 E-Trade 所提供的信息自行交易到 1995 年全球第一家网络银行 SFNB（Security First Network Bank，美国安全第一网络银行）、第一家网络保险公司 INSWEB 诞生；从 2005 年全球第一个借贷众筹平台 Zopa 成立到美国著名的国际化众筹平台 IndieGoGo 诞生，已经给了我们无数惊喜。

2014 年 3 月，第十二届全国人民代表大会第二次会议开幕会上，李克强总理在政府工作报告中提出，"促进互联网金融健康发展，完善金融监管协调机制"。众筹证券作为互联网金融的重要组成部分正在实践着金融扩大化、民主化、便捷化和人性化的渐进历程。虽然在过去的几年里，中国众筹证券从无到有走过了一条曲折的发展道路，在相关法律、法规、监管规则尚未出台的背景下，非法集资的风险依然存在，但道路的曲折并不能阻挡光明的前途。

中小微企业融资难是全球普遍存在的问题，即使是资本市场最为发达的美国也不能例外。为了从制度上给予中小微企业融资以支持、缓解就业压力，2012 年，美国出台了《初创期企业推动法案》（Jumpstart Our Business Startups Act），该法案正式将股权众筹融资纳入法律调整范围，同时也为其发展扫清了制度上的障碍。[1]

长期以来，我国一直存在着中小微企业融资难和民间资本投资渠道不畅两个问题，这看似是两个问题，但却是一对矛盾，共同反映的是经济高速发展背景下的金融压抑。一方面，中小微企业成长亟需资金支持，融资难、融资贵成为其切肤之痛；另一方面，改革开放四十多年来，投资成为部分富裕人群理财的迫切需求。

众筹证券作为一种新兴的融资模式，在筹资民主化和征集大众智慧方面确实有其独特的优势，被社会各界寄予厚望。但是，要解决中小微企业融资难和民间资本投资渠道不畅绝非易事，一方面，需要创新的金融渠道、数据和技术，另一方面，更为重要的是金融监管。

一、中小微企业融资困难

融资难问题一直困扰着我国的中小微企业，成为制约其发展的主要因素之一。由于目前关于中小微企业融资的统计基础较为薄弱，全面、宏观的统计数据尚无法获得。根据政府有关部门、研究机构发布的调查报告显示，近年来，中小微企业融资难问题比较突出。中国企业评价协会、国家发展与改革委员会中小企业司等五个单位联合发布的《2003 年中国（非公经济）成长型中小企业发展报告》指出，由于企业创业融资渠道狭窄，特

---

[1] 美国《初创期企业推动法案》通过增加美国《1933 年证券法》（Securities Act of 1933）第 4 条的内容对该部证券法进行了修订。新增的第 4（a）（6）条为符合下列条件的众筹证券发行、转让提供了注册豁免：（1）发行人在 12 个月内筹集的资金不超过 100 万美元（本数额将根据通货膨胀情况至少每五年调节一次）。（2）个人在 12 个月内的投资应符合如下条件：①投资者年收入或资产净值少于 10 万美元的，只能投资 2000 美元或年收入、资产净值的 5%，以高者计。②投资者年收入或资产净值超过 10 万美元的，可投资的数额为年收入或资产净值的 10%，但不得超过 10 万美元（以上数额将根据通货膨胀情况至少每五年调节一次）。（3）转让必须通过已注册的经纪商或筹资门户进行。（4）发行人必须遵守法案第 4（1）（2）条的相关规定。

别是无法获得与国有企业一样的银行贷款条件，融资难一直是限制非公有制中小企业发展的最致命因素。在受调查的 500 家企业中，认为自身没有稳定融资渠道的占 37%，认为筹集资金为自身主要困难的占 32.5%，认为自身缺乏有效担保形式的占 20.20%。国际金融公司（International Finance Corporation，IFC）在中国的一项调查显示，有 41% 的中小企业认为融资困难是阻碍其发展的最大障碍。据郭田勇和李贤文于 2006 年针对中小企业发展情况的调查，65% 的中小企业认为本地金融机构无法满足企业融资需求，如果剔除融资状况稍好的中型企业，认为无法满足自身融资需求的小企业则达到 87%。[1]

中小微企业融资困难，究其原因主要有以下几个方面。一是，银行融资体制偏好的制约。由于国有企业、大型企业资产庞大、职工众多，既能提供合格的抵押、担保，又有政府的支持与帮助，金融机构更乐于为其提供资金支持。二是，资本市场尚无法满足多层次的融资需求。目前，80% 以上的中小企业主要依靠自我融资取得企业发展所需资金，少数中小企业能够获得银行贷款。[2]直接融资的可能性很小，资本市场没有为中小企业的发展提供足够的助力。因此，建立多层次资本市场，发展众筹证券市场是满足中小企业融资需求的重要内容。三是，缺乏政府专门机构的协调。1953 年，美国中小企业署（Small Business Administration）成立，其主要任务为以提供担保的方式促使银行向中小企业贷款。我国中小企业众多且在经济发展和提供就业机会方面发挥着主要作用，支持中小企业融资是政府不可推卸的责任。应由政府建立专门机构，协调中小企业融资，促成政府、中小企业和银行的有效联动。

二、民间资本投资渠道不畅

（一）普通百姓投资理财需求增长

改革开放四十多年来，居民收入得到了大幅度的提高，根据国家统计

---

[1] 转引自章建伟："基于流动性过剩的中小企业融资分析"，载《经济问题》2007 年第 8 期。

[2] 肖顺武："刍议中小企业融资难的原因及法律对策"，载《西南政法大学学报》2010 年第 3 期。

局的统计，中国居民的私人财富由 2003 年的 40 万亿元猛增至 2011 年的 160 万亿元，年均增长率约 18%，而同期 GDP （Gross Domestic Product，国内生产总值）增长率仅为 10%。2012 年，我国城镇居民人均可支配收入 21 986 元，比 2002 年增长了 1.9 倍，扣除价格因素，年均实际增长 10.7%；农村居民人均纯收入 7917 元，比 2002 年增长了 2.2 倍，扣除价格因素，年均实际增长 12.0%。城乡居民收入年均增速超过 1979 年至 2011 年的 7.4%，是历史上增长最快的时期之一。[1]2013~2018 年，城镇居民人均可支配收入从 2013 年的 26 467 元增加到 2018 年的 39 251 元，年均实际增长 6.3%；农村居民人均可支配收入从 2013 年的 9430 元增加到 2018 年的 14 617 元，年均实际增长 7.7%。[2]这组数据说明，随着居民收入的增长，居民私人财富规模也逐步扩张，意味着社会财富在居民部门中的积累程度越来越高，人民从经济发展中得到了真正的实惠。尽管我国富裕人群逐渐扩大，但由于金融政策开放程度并不理想，投资渠道非常有限，主要集中在房地产和股票市场，而对民间实业投资的需求并不旺盛。

（二）普通居民投资渠道有限

中国人民银行的统计数据显示，2019 年 3 月末，本外币存款余额 189 万亿元，同比增长 8.3%。2019 年 3 月末，人民币存款余额 183.82 万亿元，同比增长 8.7%，增速比上月末高 0.1 个百分点。2019 年第一季度人民币存款增加 6.31 万亿元，同比多增 1.24 万亿元。其中，住户存款增加 6.07 万亿元，非金融企业存款增加 3328 亿元，财政性存款增加 1651 亿元，非银行业金融机构存款减少 9671 亿元。3 月，人民币存款增加 1.72 万亿元，同比多增 2133 亿元。[3]目前，我国普通居民投资渠道主要有以下三个：一是储蓄存款；二是股票市场；三是房地产市场。在储蓄存款方

---

〔1〕 "统计局：2002 年至 2011 年城镇人均收入年均实际增长 9.2%"，载 http://roll.sohu.com/20120816/n350805807.shtml，最后访问时间：2019 年 2 月 3 日。

〔2〕 "居民'钱包'七十年鼓起来近六十倍　收入来源更加多元"，载 http://www.xinhuanet.com/2019-08/15/c_1210242431.htm，最后访问时间：2019 年 8 月 1 日。

〔3〕 "人民银行发布 2019 年一季度金融统计数据报告"，载 http://dy.163.com/v2/article/detail/ECSRVFI5053844LO.html，最后访问时间：2019 年 5 月 3 日。

面，由于利率市场化尚未完全实现，存款利率普遍较低，往往低于 CPI（Consumer Price Index，消费者物价指数），因此，居民储蓄存款意愿逐渐呈下降趋势。但由于无法找到安全性更高、收益率更高、流动性更强的金融类投资产品，普通居民只能选择储蓄存款，这也是利率回报较低的储蓄存款的规模依然逐年上涨的根本原因。股票市场投资方面，由于股票市场内幕交易、操纵市场案件频发，居民投资意愿不强。且城乡居民的金融投资渠道差异很大，农村居民很少有机会通过参与金融市场交易来增加收入。鉴于农村居民占我国总人口的绝大多数，平均下来，我国居民有价证券持有比例偏低，且品种单一。在房地产市场投资方面，2014 年来也由于限购政策、银行第二套房贷款利率的高企受到影响。因此，必须拓宽居民投资渠道，发展多层次资本市场，为普通居民提供安全、方便、快捷的投资渠道。而众筹证券作为新兴投资品种，应结合普通居民的投资需求开发更适合他们的投资产品，在扩大自身规模和市场影响力的同时，增加居民收入。

第二章

众筹证券发行法律制度构建

证券发行制度是资本市场的基础性制度，众筹证券法律制度的构建也应起始于众筹证券的发行。目前，大多数国家和地区根据自身证券市场成熟度、法律法规体系、投资者保护体系建设情况以及市场环境等因素，建立与之相适应的证券发行制度。但众筹证券作为新生事物，各项监管制度尚在孕育过程中，且各国众筹证券市场的发展水平、运营模式、市场环境各不相同，单纯借鉴其他国家或地区的经验无法满足本国众筹市场的实际需要。因此，以我国自身现有的证券发行制度为基础，结合本土众筹证券市场发展实际，借鉴发达国家先进立法、监管经验是构建众筹证券发行法律制度的较好路径。

第一节　众筹证券发行内涵

我国资本市场建立三十多年来，证券发行体制经历了较大的变动。从发行监管制度的演变来看，在股票发行方式上先后出现了自办发行〔1〕、

---

〔1〕　自办发行方式存在于1984年股份制试点到20世纪90年代初。新股发行面向公司内部成员（如经理、厂长、供销主任等）及其关系人，不进行广泛的公开发行，外部投资者也无法获知公司新股发行的信息。就当时的国情而言，投资者对股票这种新兴投资产品的了解几乎为零，通过试点公司在内部进行小范围认购新股的方法，培养了投资者对股票的认知，具有一定的历史意义。但随着资本市场的不断完善，这种方式严重违背了证券市场交易公平、公开、公正的"三公"原则，所以内部认购方式很快被监管层取缔。

有限量发售认购证〔1〕、无限量发售认购证〔2〕、无限量发售申请表以及与银行储蓄存款挂钩发行〔3〕、上网竞价〔4〕、全额预缴款且比例配售〔5〕、上网定价发行〔6〕、向基金及法人配售〔7〕、向二级市场投资者配售〔8〕、上网发行资金申购〔9〕等方式。在债券发行方面也有较长的历史，出现了

〔1〕 1991 年至 1992 年，股票发行采取有限量发售认购证方式。该方式存在明显弊端，极易发生抢购风潮，造成社会动荡，出现私自截留申请表等徇私舞弊现象。因深圳"8·10 事件"，该方式被废止。

〔2〕 1992 年，上海率先采用无限量发售认购摇号中签方式。1992 年 12 月发布的《国务院关于进一步加强证券市场宏观管理的通知》对此予以了确认。这种方式基本避免了有限量发行方式的主要弊端，体现了"三公"原则。但是，认购量的不确定性造成社会资源不必要的浪费，认购成本过高。

〔3〕 1993 年 8 月 18 日，国务院证券委员会颁布的《关于 1993 年股票发售与认购办法的意见》规定，发行方式可以采用无限量发售申请表以及与银行储蓄存款挂钩发行方式。此方式与无限量发售认购证相比，不仅大大减少了社会资源的浪费，降低了一级市场成本，而且可以吸收社会闲散资金，吸引新股民入市，但由此出现了高价转售中签表现象。

〔4〕 上网竞价方式只在 1994 年哈岁宝（600864）等几支股票进行过试点，之后没有被采用。

〔5〕 全额预缴款、比例配售是与银行储蓄存款挂钩发行方式的延伸，但它更方便，且节省时间。它包括"全额预缴、比例配售、余额即退"和"全额预缴、比例配售、余款转存"，前者比后者占用资金时间大为缩短，资金效率提高，并且能培育发行地的原始投资者，吸引大量资金进入二级市场。

〔6〕 上网定价发行于 1996 年开始被普遍采用。类似于网下的"全额预缴、比例配售、余款即退"发行方式，只是一切工作均利用交易所网络自动进行，与其他曾使用过的发行方式相比，这是最为完善的一种。它具有效率高、成本低、安全快捷的优点，避免了资金体外流动，完全消除了一级半市场。

〔7〕 向基金及法人配售起始于 1998 年 8 月。当年，中国证监会发布规定：公开发行量在 5000 万股（含 5000 万股）以上的新股，均可向基金配售；公开发行量在 5000 万股以下的，不向基金配售。1999 年 7 月，中国证监会又发布规定：公司股本在 4 亿元以下的公司，仍采用网上定价、全额预缴款与储蓄存款挂钩的方式发行股票。公司股本总额在 4 亿元以上的公司，可采用对一般投资者上网发行和对法人配售相结合的方式发行股票。2000 年 4 月，中国证监会取消了 4 亿元的额度限制，公司发行股票都可以向法人配售。

〔8〕 向二级市场投资者配售起始于 2000 年。2000 年 2 月 13 日，中国证监会颁布《关于向二级市场投资者配售新股有关问题的通知》，在新股发行中试行向二级市场投资者配售新股的办法。该方式是指在新股发行时，将一定比例的新股由上网公开发行改为向二级市场投资者配售，投资者根据其持有上市流通证券的市值和折算的申购限量自愿申购。

〔9〕 2006 年 5 月 19 日，深圳证券交易所和中国证券登记结算有限责任公司共同发布《资金申购上网定价公开发行股票实施办法》；2006 年 5 月 20 日，上海证券交易所和中国证券登记结算有限责任公司共同发布《沪市股票上网发行资金申购实施办法》。股份公司通过证券交易所交易系统采用上网资金申购方式公开发行股票。2008 年 3 月，在首发上市中首次尝试采用网下发行电子化方式，标志着我国证券发行中网下发行电子化的启动。

国债、金融债券、企业债券、公司债券、证券公司债券、企业短期融资券、中期票据、资产支持证券、国际开发机构人民币债券、中小非金融企业集合票据等品种，极大地丰富了债券投资市场。值得注意的是，虽然实践中债券的品种得到了极大的丰富，证券的发行方式也随着市场的发展变得更加公开、公平、公正。但是，在立法方面，对于"发行"这一证券领域中的基础概念却没有提及。无论是《中华人民共和国公司法》（以下简称《公司法》）还是《中华人民共和国证券法》（以下简称《证券法》）都未对"证券发行"作出规定，即便是为规范首次公开发行股票并上市的行为而制定的《首次公开发行股票并上市管理办法》（以下简称《首发办法》）也没有对"证券发行"作出明确定义。

一、证券发行的内涵

究竟何谓"证券发行"？《证券法》对此并未作明确规定。

根据《首发办法》的规定，证券发行至少包括如下几个环节：一是，发行人董事会决议；二是，发行人股东大会决议；三是，发行人聘请中介服务机构，制作并报送发行申请文件；四是，中国证监会依法（职能部门进行初审，发行审核委员会进行审核）对发行申请作出予以核准的批复或者不予核准的决定；五是，发行人在法定期限（一般为 6 个月）内启动股票发行程序。根据《公司债券发行试点办法》规定，公司债券发行程序如下：一是，申请发行公司董事会制定方案，由股东会或股东大会对发行债券的数量、向公司股东配售的安排、债券期限、募集资金用途、决议的有效期等事项作出决议；二是，保荐人按中国证监会规定编制和报送募集说明书和发行申请文件；三是，会计师事务所、律师事务所等证券服务机构为本次发行制作、出具相关文件；四是，中国证监会依法（职能部门进行初审，发行审核委员会进行审核）对发行申请作出予以核准的批复或者不予核准的决定；五是，发行人在规定期限内（一般为 24 个月，分期发行的首期须在 6 个月内）启动发行程序。

仔细观察可以发现，《首发办法》《上海证券交易所科创板股票上市规则》所规定的发行程序与发行人董事会、股东会的决议、证监会的审核紧密联系，对于要约、要约邀请等销售活动没有作出明确规定。这说明我国证券发行受监管机构的影响较大，证券发行最重要的环节在审核，不在销售。笔者认为此种发行格局的形成有市场因素，也有制度因素。市场因素方面，主要因为新股发行数量少，惯常的暂停发行使市场积蓄了大量的资金，"炒新""打新"成为众多投资基金的重点业务；制度方面，为了使新股发行价格更加趋于合理，中国证监会发布的《证券发行与承销管理办法》第 7 条第 1 款规定，"首次公开发行股票采用询价方式的，网下投资者报价后，发行人和主承销商应当剔除拟申购总量中报价最高的部分，剔除部分不得低于所有网下投资者拟申购总量的 10%，然后根据剩余报价及拟申购数量协商确定发行价格。剔除部分不得参与网下申购"。笔者认为，剔除最高报价部分的目的在于降低发行价格，但实际的情况是新股发行当日开始，连续涨停使得新股的价格大大高出发行价，甚至数倍于发行价，获得配售的投资者赚得盆满钵满，使得新股发行在一定程度上可能成为利益输送工具。

　　如何还"证券发行"这一重要概念本来的面目，从其本质特征定义证券发行，在目前的市场环境下应表现为去行政化的过程。对此，我们可以借鉴发达证券市场的先进经验。比如美国《1933 年证券法》，它并没有对"发行"（issue）进行定义，与证券发行相关的概念仅有关于"发行人"（issuer）及"销售""出售"的定义。"发行人"指发行或拟发行任何证券的人。"销售""出售"应包括以对价方式销售或处置证券或证券权益之契约。"要约出售""要约销售"或"要约"应包括以对价方式处置证券或证券权益之一切意图或要约，或者购买证券或证券权益之要约招揽。《日本证券交易法》也没有明确的"发行"定义。仅对有价证券的"募集""销售"行为予以明确并加以区分。其中，以同一条件劝诱不特定对象申购新发行有价证券的行为，为有价证券募集。以同一条件向不特定对象销售已发行有价证券的行为，为有价证券销售。我国台湾地区的"证券交易法"明确规定了"发行"概念，且明确区分了"发行"与"募集"概念。

我国台湾地区"证券交易法"中的"发行"指"发行人于募集后制作并交付有价证券之行为","募集"指"发起人于公司成立前或发行公司于发行前对非特定人公开招募股份或公司债之行为"。[1]综上,美国和日本相关法律、法规虽未对"证券发行"明确定义,但却指出了发行行为的实质,即"证券发行"是一个过程,包括"要约""要约出售""销售",因此,在证券发行注册制改革的背景下,对发行概念去行政化,以证券发行行为本身来定义"证券发行"很有必要。笔者认为,证券发行应包括公开发布招股说明书、投资人进行申购、发行人按照既定发行方案核定发行对象、认购人交纳股款、发行人交付股份、股东登记等环节,在程序上表现为要约邀请、要约、承诺、销售环节。因此,可借鉴美国证券法将"证券发行"定义为发行人向特定投资者或不特定投资者发出申购证券的要约、要约邀请并向获得配售的投资者交付有价证券的融资交易行为。

二、证券发行制度

证券发行制度是规范证券发行行为的一系列规范的总称,包括证券发行信息披露制度、证券发行审核制度。

证券发行信息披露制度是指发行人在公开发行证券时,根据法律、法规的规定,公开披露与证券发行有关的关键信息的法律制度。根据研究,信息披露制度主要包括以下几个方面:一是,法律法规明确规定所有公开发行证券的发行人必须承担信息披露义务;二是,法律法规统一信息披露的内容、要求、格式;三是,建立集中、统一的信息披露平台,发行人必须通过该平台披露信息;四是,为提高信息披露质量,确保与投资者决策相关的重要信息均及时、准确、完整地披露,由相关机构对发行人所披露的信息予以审查或核验;五是,建立信息披露违规责任体系,对违反信息披露义务的发行人及中介机构予以处罚。

证券发行审核制度是指一国证券监管机构对于证券发行活动进行监管

---

[1] 我国台湾地区"证券交易法"第 7 条。

的法律法规及相关制度的总称。主要表现为证券监管机构或其授权单位依法对发行人报送的发行申请文件进行审查，重点关注发行人信息披露合规性及是否满足法律法规规定的发行条件，通过审查后发行人方可发行证券。从 20 世纪 30 年代起，形成了证券发行审核制度的两种基本类型，即注册制和核准制，并在其基础上衍生出两种制度相结合的中间型审核制度。

从各国的审核实践来看，成熟的市场经济国家或地区，普遍实行的注册制，奉行以信息披露为中心，遵循完全公开原则，崇尚"公开制度作为现代社会与产业弊病的矫正手段而被推崇"，"阳光是最有效的防腐剂，灯光是最有效的警察"（Sunlight is said to be the best of disinfectants; electric lights the most efficient policeman）。[1]证券监管机构实施形式审查，不做实质审查和价值判断，在信息披露充分的基础上，一切交由市场自行判断，实行"买者自行小心"和"卖方自行小心"的市场原则。新兴市场经济国家或地区一般实行核准制。由证券监管机构对发行人是否满足相关法律法规规定的发行条件以及信息披露是否真实、准确、完整进行实质审查，并且往往在信息披露之外，对发行人盈利能力的真实性和可持续性、业务的合法合规性、商业模式及募投项目的合理性等进行实质判断，期望通过严格的实质审查，替投资者把好入门关。

综上，相较于"证券发行"概念的技术性选择，证券发行制度的选择还取决于一个国家自身的经济发展水平、证券市场的发展水平和历史沿革以及一国的金融体制、法律制度及司法执行效率。概言之，证券发行制度是一国或地区基于对自身融资效率、市场秩序、投资者保护等目标的综合平衡后作出的制度选择，证券发行制度规则体系构成证券市场法律规制的重要组成部分。

三、众筹证券发行之独特性

众筹证券发行可分为股权众筹证券发行和借贷众筹证券发行两种类

---

〔1〕 Louis D. Brandeis, *Other People's Money and How the Banker Use it*, Harper Torchbooks, 1967, p. 67.

型，它是新型的发行方式，不同于目前的股票或债券的公募发行和私募发行，有其自身的独特性。

（一）股权众筹证券发行的独特性

股权众筹市场处于多层次资本市场的底部，区域性股权交易市场、"新三板"、科创板、创业板、主板市场位于其上，企业在以上五类市场融资的困难程度均高于股权众筹市场，还将受到来自各方不同程度的监管，但从投资者的角度看，投资于这五类市场的风险性均小于股权众筹市场。股权众筹市场之所以风险性较高，有其自身的原因，需要从它的主体架构和运营模式开始分析。

1. 股权众筹的主体架构分析

股权众筹运营过程中主要包括以下三类主体：一是，众筹项目筹资人，也就是创业团队或创始人；二是，众筹平台，扮演着融资中介机构的角色；三是，项目投资者，众筹项目资金的来源方。

（1）众筹项目筹资人。

众筹项目筹资人是众筹活动的发起者，一般是掌握高新技术知识产权或创新商业模式，但缺乏资金的创业者或者团队，通过发售股权的方式向不特定的投资者筹集资金。根据我国《公司法》《证券法》的规定，发行、出售股权必须满足一系列条件。《公司法》第三章规定，有限责任公司股权转让，其他股东有优先购买权，若向股东以外的人转让股权须事先征得其他股东的一致同意。老股东的同意、否决权及优先购买权构成了股东向非股东转让股权的特殊限制规则，股权受让可能因此而随时"卡壳"。发行股票的情况就更加复杂，股票的发行和交易，还需适用《证券法》的相关规定。具体来说，股票发行过程中，若向不特定对象、累计超过200人的特定对象发行或具有法律、行政法规规定的其他发行行为的，均属公开发行，必须符合法律、行政法规规定的条件，并依法报经国务院证券监督管理机构或者国务院授权的部门核准；未经法定机关核准，属于擅自公开或者变相公开发行证券，需承担相应的民事、行政、刑事责任。因此，筹资人在发起众筹项目之前必须谨慎设计发行、销售方案，以免触犯法律。

（2）众筹平台。

众筹平台在众筹活动中处于核心地位，既是平台的搭建者和运营方，又是项目的辅导人与监督方，同时肩负维护投资者合法权益的使命。众筹平台既为筹资项目提供信息发布、信息披露服务，又为双方提供估值建议、法律服务和技术咨询，有的还提供资金监管服务。全程参与项目筛选、审核、推荐、融资、信息披露，既扮演了证券交易所的角色，又扮演了投资银行的角色。但从维护市场秩序、保护投资者合法权益的角度看，笔者认为这种运营模式设计存在很大的风险。在当前众筹平台行业准入、人员素质、业务范围、组织机构、业务规则与风险控制均无明确要求的情况下，赋予平台自由发展空间的现状令人担忧。

（3）项目投资者。

项目投资者是在众筹平台上注册、获得会员资格的"草根天使"，通过众筹平台选取投资项目，在项目限额内投资并获得项目公司所对应股份，享受股东权利，承担股东义务。一般情况下，由于众筹投资者资金实力、投资知识有限，风险承受能力、获取信息能力较低，对单个项目投资数额及一定时间内的众筹投资总额均应有所限制。目前，众筹行业的"三无"状态[1]导致这批脆弱的"草根天使"暴露在复杂的投资风险中，监管层应予以重视。

2. 我国股权众筹证券发行模式分析

股权众筹证券的发行模式包括个人直接股东模式、基金间接股东模式以及"领投+跟投"模式。我国主要的股权众筹平台"天使汇"和"大家投"都采用了"领投+跟投"模式，并发布了平台领投人业务规则。[2]两家平台的领投人业务规则都对领投人的权利、义务、责任及领投规则作了规定。概括起来，两家平台都认为应当由具有丰富投资经验的职业投资者或在某个领域具有丰富经历、独立判断能力、行业资源和影响力的人士为领投人。由领

---

〔1〕 指众筹行业目前无监管机构、无准入门槛、无行业标准的"三无"状态。

〔2〕 参见"天使汇领投人规则"，载 http://help. angelcrunch. com/leadinvestor；"大家投投资权责机制"，载 http://dahuotou. cn/index. php？ctl＝help&cid＝12，最后访问时间：2018 年 5 月 2 日。

投人对项目进行前期尽职调查，提供项目分析与尽职调查结论，帮助创业者明确公司发展战略，合理确定公司公允价值，并在此基础上确定投资条款、股权架构及拟融资额，协助做好路演推介并完成跟投。完成跟投后，领投人还需对项目进行投后管理。这一过程可理解为领投人在自己投资创业项目的同时又为创业者及跟投人提供了投融资中介服务，而众筹平台在项目融资过程中只提供平台服务，对于项目风险控制及投后管理均不做支持。

在领投人、跟投人与创业者就投融资事项达成一致后，通常会由领投人与跟投人成立以该投资项目为中心的专项有限合伙企业，以有限合伙企业的名义投资进入创业企业。在领投人与跟投人确定投资后、有限合伙企业成立之前，领投人及跟投人的资金存放问题尤为关键。为降低投资者投资风险，有的众筹平台推出了募集资金第三方托管服务业务，即投资者认投项目的投资款先期存入平台设定的托管账户，平台按照与投资者的约定分批次将款项转入成立后的专项有限合伙企业账户，再由普通合伙人将投资款转入目标项目公司账户。该托管账户是真正的第三方监管账户，还是仅仅为众筹平台在银行或第三方支付机构开设的中间账户却很难得知。根据研究机构对借贷众筹平台托管账户的调查情况来看，实际的情况是，由于托管账户资金监管"钱少、活多、责任大"，银行和第三方支付机构不承诺进行操作和监管。[1]

3. 股权众筹证券发行面临的双重风险

股权众筹作为互联网金融的一种新模式，在快速、高效、低成本地完成筹资，支持实体经济发展的同时，也深刻地冲击着传统融资模式和金融法制，并带来双重风险。

（1）法律风险。

众筹之"众"，是经由互联网尤其是移动互联网的高速发展和驱动带来的社会现象，是网络驱动和支持的群体。[2]通过互联网技术，互不相

---

[1] 第一财经新金融研究中心：《中国 P2P 借贷服务行业白皮书 2013》，中国经济出版社2013年版，第124页。

[2] 肖凯："论众筹融资的法律属性及其与非法集资的关系"，载《华东政法大学学报》2014年第5期。

识，身份、背景迥异的不特定公众被聚集起来，共同投资于某一众筹项目。从行为心理学的角度看，不特定公众聚集后易呈现出盲从和从众的行为模式，作出群体非理性的投资决策及行为。著名的"密西西比计划"和"荷兰郁金香泡沫"皆为证明。从法律角度看，股权众筹也容易触犯现行法律规定，跨进非法集资活动（擅自发行企业债券、集资诈骗、非法吸收公众存款等）的"泥沼"。

根据现行法律框架，非法集资活动主要表现出如下特征：一是，未经有权主管机构依法批准，向不特定对象募集资金；二是，承诺在约定期限内给予出资人多种形式的、可观的投资回报；三是，以合法形式掩盖非法目的，即通过订立合同、注册公司等方式，掩盖其骗取资金的目的。根据《中华人民共和国刑法》（以下简称《刑法》）的相关规定，非法集资适用的罪名主要有三类：一是，擅自发行股票、公司、企业债券罪；二是，集资诈骗罪；三是，非法吸收公众存款罪。股权众筹在现有法律框架内，发展空间被极大地压缩，并时常游走于法律的灰色地带，不利于其长期发展，更不利于投资者合法权益的保护。《刑法》对非法集资犯罪活动的严厉打击有利于维护国家金融秩序，保护公民财产安全。但客观上也限制了民间金融活动的合法化空间（在相关罪名的罪与非罪之间）。[1]笔者认为就此问题，一方面需要出台相应的管理规则对其进行规范，另一方面更为重要的是，颁布安全港规则，划定合法股权众筹与集资诈骗罪，非法吸收公众存款罪，擅自发行股票、公司、企业债券罪的边界，引导中国股权众筹业界采取合法、适当的商业模式，以保护投资者的合法权益。

（2）信息不对称加剧情况下的道德风险。

一方面，在融资过程中，众筹平台取代了传统金融秩序中有关机构（审批机构及证券交易所等）的角色，简化了审核程序和相关约束条件的审查，很大程度上降低了财务报表审计和法律合规性审查方面的要求，降低了初创企业的信息披露成本，使初创企业融资更加开放、自由和高效，但也易导致初创企业在市场、法律机制约束不到位的情况下采取包装项

---

〔1〕　参见彭冰："非法集资活动的刑法规制"，载《清华法学》2009 年第 3 期。

目、粉饰业绩、夸大宣传等方式提高募资的成功率和股权价值。同时，众筹平台取代投资银行完成了中介机构撮合交易的任务。将中介机构应当完成的工作，如项目尽职调查、规范运作辅导、投后监督管理均交给了与众筹平台并无雇佣关系的"领投人"。这种制度设计使得众筹平台和初创企业均存在较大的道德风险，无法保护投资者的合法权益。

另一方面，众筹平台的收入完全依赖于向成功筹资的创业项目收取的服务费，在当前众多平台无序竞争、监管约束不强、平台经营信息不透明的环境下，各平台为推进业务发展、提升收入及盈利水平，可能出现主动降低创业项目风险控制门槛，与融资企业、投资者等存在关联关系等情况，甚至出现以平台自身为交易对手的违法行为。

如果不能有效克服上述信息不对称的情形，提高平台、项目、相关参与各方的透明度，必将对股权众筹的健康发展带来不利影响。

（二）借贷众筹证券发行的独特性

借贷众筹平台运营模式主要有以下几种：一是，纯平台模式，即平台不介入借贷双方的资金拆借法律关系，仅作为信息提供商居间撮合成交，违约风险由资金出借方自行承担；二是，"平台+保证模式"，即该平台介入借贷法律关系，其向资金出借方提供归还本金或本金和利息的保证；三是，销售平台模式，该模式将担保产品或小额信贷资产通过证券化的方式使其具有流动性，再由平台销售给投资者；四是，债权转让模式，即借贷双方、平台及第三方机构四方共同构建资金融通法律关系，平台上借贷双方并不直接签订借款协议，而是由第三方机构先行放贷给资金融入方，再将债权转让给平台的投资者。严格来说，只有债权转让模式涉及众筹证券的发行活动。债权转让模式最典型的代表就是美国的 Lending Club 和 Prosper。

Lending Club 和 Prosper 在交易中就引入了一家银行 WebBank 参与借贷交易；先由 WebBank 作为实际债权人向借款人发放贷款，借款人需与WebBank 签订《贷款协议》并授权 WebBank 查询并使用其征信记录，同时，借款人应与平台签订《授权委托书》，由平台代理借款人办理其他相关事项。在贷款发放之前，借款人有权撤回针对《贷款协议》《授权委托书》发出的承诺。《贷款协议》中规定，借款人同意 WebBank 转让协议项下的所有权利包括贷款的所有权和利益，且规定 WebBank 和 Lending Club 或 Prosper 并不负有另行通知借款人的义务。WebBank 将债权出售给 Lending Club 或 Prosper，平台设立与贷款相对应的收益权凭证，收益权凭证在 SEC（United States Securities and Exchange Commission，美国证券交易委员会）注册后，将贷款所对应的收益权凭证卖给投资者。《贷款协议》解决了借款人申请贷款程序问题和投资者如何投资于借款人贷款的问题。如果借款人签署《贷款协议》，也表示同意受其附件收益权凭证所涉条款的约束。通过观察该业务过程，我们可以发现，信贷资产证券化处于核心地位。

1. 什么是"信贷资产证券化"

美国学者加德纳（Gardner）将资产证券化定义为投资者和借款人通过金融市场得以全部或部分匹配的过程或工具。资产证券化是将能够产生稳定现金流、但缺乏流动性的资产，通过打包重组，变为在金融市场上具有流动性的金融产品；是将能够产生稳定现金流的低流动性资产转变为高流通性证券的过程。2005 年 4 月，中国人民银行和中国银行业监督管理委员会[1]（以下简称中国银监会）联合发布了《信贷资产证券化试点管理办法》，将信贷资产证券化明确定义为"银行业金融机构作为发起机构，将信贷资产信托给受托机构，由受托机构以资产支持证券的形式向投资机构发行受益证券，以该财产所产生的现金支付资产支持证券收益的结构性融资活动"。[2]

信贷资产证券化的主体包括：（1）发起人，即原始权益人，是信贷资产证券化基础资产的原始所有权人，主要是指银行业金融机构，在我国包括商业银行、政策性银行、邮政储蓄银行、财务公司、资产管理公司等；（2）特殊目的受托机构（Special Purpose Vehicle，SPV），是信贷资产证券

---

　　[1]　2018 年 3 月，第十三届全国人民代表大会第一次会议表决通过了《关于国务院机构改革方案的决定》，组建中国银行保险监督管理委员会，不再保留中国银行业监督管理委员会、中国保险监督管理委员会。
　　[2]　《信贷资产证券化试点管理办法》第 2 条。

化的核心参与者，接受发起人转让的资产并以其为基础发行信贷资产支持证券；（3）信用评级机构，对信贷资产支持证券违约风险进行评级，并实时跟踪调整评级；（4）信用增级机构，依靠自身或者由第三方对信贷资产支持证券进行信用增级；（5）承销商，是指负责发行及承销信贷资产支持证券的第三方中介机构；（6）贷款服务机构，是指接受 SPV 委托的贷款管理机构，一般由信贷资产证券化发起机构担任；（7）资金保管机构，接受 SPV 委托的信托财产账户资金保管机构；（8）投资者，是信贷资产支持证券的购买者、最终持有人，可以是自然人也可以是机构，目前，我国信贷资产支持证券的合格投资者主要指银行、保险公司、证券投资基金、企业年金、全国社保基金；（9）登记结算机构，作为中介服务机构，为信贷资产支持证券的发行和交易活动提供登记、存管、结算服务。[1]目前，我国信贷资产支持证券的登记结算机构是中央国债登记结算有限责任公司。

信贷资产证券化的运作流程如图 2.1 所示。

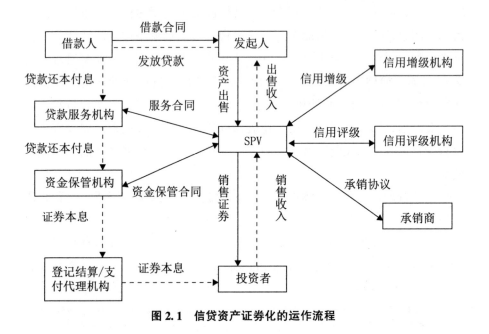

图 2.1 信贷资产证券化的运作流程

---

〔1〕 参见李翔："我国信贷资产证券化发展问题研究"，河北大学 2014 年硕士学位论文。

第一，发起人根据其信贷资产实际情况选择具有较高同质性、能够产生稳定现金流的基础资产，并将这些资产从自身资产负债表中剥离出来组成资产池。基础资产的选取是信贷资产证券化的首要基础和关键步骤，因为基础资产的选取是否恰当直接影响着信贷资产支持证券评级的高低和信用风险的大小。[1]在构建资产池的过程中，发起人需要充分考虑信贷资产的各种因素，包括利率、期限、抵押资产类型等情况。同时，在确定基础资产时，发起人还要考虑到进行信贷资产证券化的目的，根据需要确定基础资产。这一过程运用了马科维茨（Markowitz）的组合管理理论思想，资产打包重组就是根据目标投资者不同的风险偏好，对基础资产进行最优化配置，对资产池中基础资产的预期风险和预期收益进行重组、到期期限进行匹配，从而使各参与主体获得利益的优化。

第二，建立 SPV。它是为资产证券化交易而成立的机构，可能是为某个证券化项目而专门设立的，也可以是为多个项目操作而设立。它作为联系银行与投资者的平台，具有隔离证券化资产与银行其他资产的作用，能够在银行出现信用危机时，最大程度降低信用危机对证券化产品收益和风险的影响。SPV 的业务单一，主要从事证券化资产的购买，应收权益的整合与发行证券的担保。作为独立的法人主体，它不直接参与具体的证券化流程，目前，所有信贷资产证券化产品中由 SPV 完成的工作一般都聘请会计师事务所、律师事务所等中介机构来完成。

第三，发起人将资产池中的资产打包出售给 SPV。但值得注意的是，此种出售必须是"真实出售"，即打包资产的所有权必须由发起人转移至SPV。这将产生两方面的效果，一方面，打包资产的所有权归于 SPV；另一方面，发起人必须将打包资产从资产负债表中剔除，发起人破产时，其债权人对打包资产再无追索权。这样有效实现了打包资产与发起人之间的风险隔离。

第四，信用增级和信用评级。信用增级是在产品本身的信用水平基础上通过专业手段，提高资产证券化产品信用评级，减小产品违约风险和损

---

〔1〕　参见翟哲："我国银行信贷资产证券化研究"，云南财经大学 2014 年硕士学位论文。

失的过程。目前，信用增级方式较多，但最常见、最有效的方式有两种：一是发起人直接提供信用支持，二是由第三方提供信用支持。前者是发起人通过设计优先及次级产品结构、利差账户、超额担保等形式增级，后者则是由银行、保险机构等第三方机构通过保证的方式完成信用增级。信用增级的目的在于让更多的投资者参与到信贷资产支持证券的投资中去。信用增级的成功与否直接关系证券化产品中各类参与人的风险和收益。信用增级完成之后，SPV 须聘请符合监管要求的资信评级机构对信贷资产支持证券进行评级，并将评级结果向外界公布，为有投资意向的个人和机构提供一个客观、直观的参考。评级结果可作为投资者选择购买证券化产品的主要依据。

第五，证券销售。SPV 与承销商签订承销协议，由承销商通过定向发行的方式或是在全国银行间债券市场上公开销售的方式销售。承销商在做好证券销售工作的同时，还要负责设计最优的交易结构，以免发起人在信贷资产证券化的过程中违反有关法律法规及会计政策。

第六，还本付息。SPV 将投资者购买证券价款，除去自身收益与各中介机构的服务费用，大部分支付给发起人作为购买打包资产的对价。借款人还本付息的现金流作为证券的本息通过贷款服务机构、资金保管机构、登记结算与代理支付机构分期支付给信贷资产支持证券的投资者。

信贷资产证券化模式下，信贷资产支持证券进入银行间债券市场进行销售，它既不同于传统的间接融资，又区别于传统的直接融资，而是间接融资直接化的融资模式。银行通过转让信贷资产既获取了流动性和收益，又能避免承担贷款违约的信用风险；投资者承担了贷款违约的风险，但借助于银行对贷款的评审与管理风险的能力，降低了自身投资决策及管理风险。既提高了资源配置的效率，又合理分担了风险和收益。

2. 我国借贷众筹平台开展"信贷资产证券化"业务所涉法律问题

2005 年，中国人民银行和中国银监会联合发布《信贷资产证券化试点管理办法》，信贷资产证券化的试点工作由此开始并经历了三个发展阶段。2005 年 3 月到 2007 年 4 月，是信贷资产证券化试点的第一阶段，试点的规模限制在 150 亿元。在此阶段共发行了 5 期证券化产品，实际发行规模 187.7 亿元。2007 年 5 月到 2008 年 12 月，是信贷资产证券化试点的第二阶段，试点的规模限制在 600 亿元。在此阶段共发行了 12 期证券化产品，实际发行规模 480.1 亿元。2008 年底，由于受到金融危机的影响，监管层叫停了试点期间产品发行，导致 2009 年至 2011 年信贷资产证券化全面停滞。第三阶段从 2012 年 5 月开始，中国人民银行和中国银监会、财政部发布《关于进一步扩大信贷资产证券化试点有关事项的通知》，信贷资产证券化重启，2014 年 11 月，随着《关于信贷资产证券化备案登记工作流程的通知》的发布，信贷资产证券化由审批制改为备案制。[1]而后，《中国人民银行公告》（〔2015〕第 7 号）第 1 条规定，"已经取得监管部门相关业务资格、发行过信贷资产支持证券且能够按规定披露信息的受托机构和发起机构可以向中国人民银行申请注册，并在注册有效期内自主分期发行信贷资产支持证券"。

经过多年的发展，资产证券化增长迅速，据中债资信评估有限责任公司的数据显示，2014 年共发行 66 单信贷资产证券化产品，发行总额达 2819.81 亿元，超过 2005 年至 2013 年发行额的总和。

（1）合格发起人。

目前，监管层尚未划定借贷众筹平台的准入门槛，因此，任何机构或个人只需办理营业执照及取得 ICP 注册[2]即可开办、运营借贷众筹平台。虽然国内少数平台如陆金所、开鑫贷、小企业 e 家都有保险公司、银行背景支持，宜信、拍拍贷等获得了国际知名投资机构的大额投资，但市场上还存在许多只凭身份证和营业执照等基本信息快速搭建的平台。按照《信贷资产证券化试点管理办法》的要求，绝大多数平台都没有开展信贷资产证券化业务的基本条件。但小企业 e 家属于银行自身创新业务，招商银行作为商业银行属于该试点管理办法规定的发起机构。可是，即使是商业银

---

〔1〕 "备案制监管方案敲定 银行信贷资产证券化扩容在即"，载 http://finance.people.com.cn/n/2014/1121/c1004-26064524.html，最后访问时间：2019 年 1 月 2 日。

〔2〕 根据国家《互联网信息服务管理办法》规定，经营性网站必须办理互联网信息服务增值电信业务经营许可证，即 ICP 证，否则就属于非法经营。非经营性网站，则只需办理备案手续即可。

行，也必须符合《金融机构信贷资产证券化试点监督管理办法》的规定：一是，具有良好的社会信誉和经营业绩，最近 3 年内没有重大违法、违规行为；二是，具有良好的公司治理、风险管理体系和内部控制；三是，对开办信贷资产证券化业务具有合理的目标定位和明确的战略规划，并且符合其总体经营目标和发展战略；四是，具有适当的特定目的信托受托机构选任标准和程序；五是，具有开办信贷资产证券化业务所需要的专业人员、业务处理系统、会计核算系统、管理信息系统以及风险管理和内部控制制度；六是，最近 3 年内没有从事信贷资产证券化业务的不良记录；七是，中国银监会规定的其他审慎性条件。由此可见，监管机构对该项业务的参与主体，尤其是发起人具有相当严格的要求，若借贷众筹平台想要开展信贷资产证券化业务将面临较大的合规压力。

（2）证券化资产必须真实出售。

真实出售即发起人真正把证券化资产的收益和风险转让给 SPV。发起人证券化资产一旦真实出售，财产所有权即告转移，其债权人或股东对该出售的证券化资产没有任何追索权。如果基础资产不足以偿还本息，投资者的追索权也仅限于基础资产，对发起人的其他资产没有任何追索权。根据 1999 年颁布的《中华人民共和国合同法》的规定，商业银行作为原始债权人转让贷款债权，不必办理专门的批准、登记手续。转让贷款债权的商业银行仅需在全国性媒体发布公告，履行债权转让告知程序即可。2021年 1 月 1 日《中华人民共和国民法典》（以下简称《民法典》）实施后该问题如何处理目前尚不明朗。

《信贷资产证券化试点管理办法》规定发起人通过设立特定目的信托转让信贷资产，也就是说，发起人必须将证券化资产转让给特定目的信托，由受托机构依据法律规定及合同约定管理特定目的的信托内的基础资产。依据《金融机构信贷资产证券化试点监督管理办法》规定，受托机构必须是信托投资公司或者由中国银监会批准的其他机构担任。且信托投资公司担任特定目的信托受托机构时，应当具备以下条件：一是，根据国家有关规定完成重新登记 3 年以上；二是，注册资本不低于 5 亿元，且最近

3 年年末的净资产不低于 5 亿元；三是，自营业务资产状况和流动性良好，符合有关监管要求；四是，原有存款性负债业务全部清理完毕，没有发生新的存款性负债或者以信托等业务名义办理的变相负债业务；五是，具有良好的社会信誉和经营业绩，到期信托项目全部按合同约定顺利完成，没有挪用信托财产的不良记录，并且最近 3 年内没有重大违法、违规行为；六是，具有良好的公司治理、信托业务操作流程、风险管理体系和内部控制；七是，具有履行特定目的信托受托机构职责所需要的专业人员、业务处理系统、会计核算系统、管理信息系统以及风险管理和内部控制制度；八是，已按照规定披露公司年度报告。[1]

（3）破产隔离。

证券化资产的破产隔离涉及两个方面：第一，证券化资产与发起人破产风险相隔离；第二，证券化资产与信托机构的破产风险相隔离。破产隔离相当于是对资产支持证券的一种强有力的内部信用增级手段。《信贷资产证券化试点管理办法》规定，发起机构必须将证券化资产转让给特定目的信托，由受托机构依据法律规定及合同约定管理特定目的信托内的基础资产。这种方式能够有效地实现证券资产与发起人破产风险以及与信托机构破产风险的隔离。根据《中华人民共和国信托法》规定，信托财产与受托人的财产必须实现风险隔离。由此，特定目的信托内的基础资产与发起人（委托人）、受托人所有的财产的严格区分，在法律上隔离了证券化资产与发起人、受托机构破产的风险。

（4）信用增级。

为了提高资产证券化产品对投资者的吸引力，降低融资成本，发起人可以实施信用增级。实践中主要有内部信用增级和外部信用增级两种方法。大部分信贷资产支持证券都使用了优先级/次级的分档设计[2]、风险

---

〔1〕　参见《金融机构信贷资产证券化试点监督管理办法》第 9 条。

〔2〕　资产支持证券按风险和收益率的高低分为优先档、中间档和次级档。优先档证券风险最低、收益率最低，持有者能最先获得基础资产产生的收益；中间档证券的风险和收益居中；次级档证券风险最高，持有者在其他高档证券持有者获得全额偿付后才获得偿付，如果证券化项目遭受损失，次级档持有者要先承受这部分损失。

自留、利差账户等内部信用增级措施。只有小部分产品采取了外部信用增级措施。我国自 2012 年起要求信贷资产证券化的发起人必须采取风险自留的增级措施。[1]

欧盟委员会率先在 2009 年明确了风险自留规则，自留主体可以是原始贷款人、发起人或者证券化机构[2]，具体由谁进行风险自留取决于有效市场机制约束下市场参与者的投资选择，由市场各方协商决定。美国 2010 年通过《多德弗兰克法案》(Dodd-Frank Wall Street Reform and Consumer Protection Act) 明确了风险自留规则，具体为银行等资产支持证券发起人需持有他们打包或出售的资产支持证券中至少 5% 的份额。原则上由证券化机构自留风险，特定条件（证券化机构购买了基础资产）下，经有关监管机构批准，发起人和证券化机构共同履行风险自留义务。[3]如果发起人已自留部分风险，证券化机构自留风险可相应扣减。[4]我国与美国和欧盟的做法均有不同，《关于进一步扩大信贷资产证券化试点有关事项的通知》规定由发起人承担风险自留责任。采用这种模式的主要原因在于我国证券化市场尚不成熟，主要由发起人主导证券化交易，而证券化机构一般是作为向投资者发行资产支持证券的通道，在发起人事前确认的前提下，负责安排证券的发行、承销，辅助发起人完成证券化工作。

第二节　众筹证券投资者保护制度

投资者是证券市场的重要参与者，但中小投资者由于在信息获取上居于弱势地位，合法权益容易受到侵害，保护投资者（尤其是中小投资者）

---

〔1〕 2012 年信贷资产证券化试点重启后，中国人民银行、中国银监会、财政部联合印发《关于进一步扩大信贷资产证券化试点有关事项的通知》要求"信贷资产证券化各发起机构应持有由其发起的每一单资产证券化中的最低档次资产支持证券的一定比例，该比例原则上不得低于每一单全部资产支持证券发行规模的 5%，持有期限不得低于最低档次证券的存续期限"。

〔2〕 Article 122a. 1, CRD II.

〔3〕 Section 15G (c) (1) (G) (iv), Securities Exchange Act of 1934.

〔4〕 Section 15G (d) (1), Securities Exchange Act of 1934.

合法权益是世界各国证券法的立法宗旨之一，也是证券监管工作的重要任务。资本市场发展的历史表明，投资者保护是证券市场能否持续健康发展的关键因素，也是世界各国证券市场发展中无法回避的重要课题。众筹证券作为新生事物与互联网技术相结合，有效地缩短了融资方和投资者之间的距离，有力推动着金融民主化进程，但同时，也深刻地冲击着现有的金融体制，逐渐改变着现有的金融生态。因此，在投资者保护方面既应承袭传统证券市场投资者保护的经验，也应呈现出自身的特点，体现出与传统证券市场不同的要求。

一、传统证券市场投资者保护

依照国际证监会组织（International Organization of Securities Commissions, IOSCO）的定义，投资者保护是指投资者应当受到保护以免被误导、操纵或者欺诈。各国证券法也都制定了相关法律法规来保护投资者合法权益。然而，全球证券市场发展的历史与现实表明，中小投资者因欺诈导致其合法权益受损成为证券市场的常态化现象。

早在 18 世纪初，证券市场尚处于萌芽阶段，英国就发生了严重损害投资者权益的"南海泡沫事件"[1]；2001 年，"安然事件"[2]和"世通事

---

〔1〕 南海泡沫事件起因于南海公司（South Sea Company），南海公司于 1711 年创立，它表面上是一家专营英国与南美洲等地贸易的特许公司，实际上是一个协助政府融资的私人机构，分担政府因战争而欠下的债务。南海公司在夸大业务前景及进行舞弊的情况下仍被外界看好，到 1720 年，南海公司更通过贿赂政府，向国会推出以南海股票换取国债的计划，促使南海公司股票大受追捧，股价由原本 1720 年初的约 120 英镑急升至同年 7 月的 1000 英镑以上，导致全民疯狂炒股。该事件使大众对政府诚信失去信心，多名托利党官员因该事件下台或被问罪；相反，辉格党政治家罗伯特·沃波尔（Robert Walpole）在事件中成功收拾混乱局面，协助向股民作出赔偿，使经济恢复正常，从而在 1721 年取得政府实权，并被后世形容为英国历史上的首位首相，此后，辉格党取代托利党，长年主导英国政局。至于南海公司，其并没有因为泡沫而倒闭，但事实上，公司在 1750 年以后已终止对南美洲的贸易业务，它最终维持至 1853 年才正式结业。

〔2〕 安然事件是指 2001 年发生在美国安然公司（Enron Corporation）的破产案以及相关丑闻。安然公司曾经是世界上最大的能源、商品和服务公司之一，名列《财富》杂志"美国 500 强"的第七名，自称全球领先企业。然而，2001 年 12 月 2 日，安然公司突然向纽约破产法院申请破产保护，该案成为美国历史上企业的第二大破产案。该事件严重挫伤了美国经济，重创了投资者和社会公众的信心。

件"[1]使大量中小投资者蒙受惨重损失，这使人们认识到，即便证券市场发展已经相当成熟，对中小投资者的侵权行为也普遍存在。在中国，证券市场发展时间虽然不长，但损害投资者权益的事件却频频发生，从早期的"中科创业"[2]股票操纵案和"银广夏"[3]等上市公司财务造假案到近年来的"万福生科"[4]、"绿大地"[5]欺诈上市案都严重破坏了市场的公平性（欺诈者的超额利润大部分源于其他投资者的损失或成本），损害了投资者合法权益，进而削弱了市场信心，对资本市场的健康发展造成了严重不利影响。因此，大多数国家及地区都形成了一项共识：维护投资者利益和长期投资信心是实现市场公平，提高社会资源配置效率，推动资本市场及社会经济持续健康发展的必要条件。

詹森（Jensen）和麦克林（Meckling）用委托代理理论对现代公司所有权分散问题以及所有权与控制权分离问题展开了分析，发现所有者与管理者在目标不一致情况下存在代理冲突。詹森和麦克林认为企业不是一个

---

[1] 在虚报巨额利润丑闻曝光4个星期后，2002年美国东部时间7月21日，美国世界通信公司（Worldcom）正式向纽约南区地方法院递交了破产保护申请。根据破产申请文件，该公司截至2002年第一季度的资产总值超过1000亿美元，债务达310亿美元，破产涉及的资金规模是2001年12月申请破产的安然公司的两倍，是2002年1月份环球电讯（Global Crossing）破产案的4倍，成为美国有史以来最大规模的企业破产案。

[2] 2000年底至2001年初，庄家吕梁（吕建新）通过入主上市公司或与上市公司勾结，发布虚假信息配合二级市场炒作操纵的中科创业（000048）从84元高位一头栽下，连续9个跌停板，并引发"中科系"其他股票，如中西药业（600842）、莱钢股份（600102）、岁宝热电（600864），相继跌停，开创了中国证券史上某系股票集体跳水的先河。

[3] 银广夏公司全称广夏（银川）实业股份有限公司，现证券简称西部创业（000557）。1994年6月上市的银广夏公司，曾因其骄人的业绩和诱人的前景而被称为"中国第一蓝筹股"。2001年8月，《财经》杂志发表《银广夏陷阱》一文，银广夏虚构财务报表事件被曝光。

[4] 万福生科（300268）因涉嫌造假上市，保荐人平安证券遭中国证监会警告、没收其在万福生科发行上市项目中的业务收入2555万元，被处以5110万元的罚款并暂停平安证券保荐机构资格3个月；同时，相关责任人员被给予警告、处以罚款、撤销证券从业资格。中国证监会对平安证券的处罚体现了从重原则，万福生科案将成为一个标杆事件，以对各保荐券商一定警示。

[5] 2004年至2009年，绿大地（002200）在不具备首次公开发行股票并上市条件的情况下，为达到在深圳证券交易所发行股票并上市的目的，通过登记注册了一批由绿大地实际控制或者掌握银行账户的关联公司，并利用相关银行账户操控资金流转，采用伪造合同、发票、工商登记资料等手段，少付多列，虚构交易业务、虚增资产、虚增收入，于2007年12月21日在深圳证券交易所首次发行股票并上市，募集资金达3.46亿元。

个体，而是一种法律假设，一个个人间契约关系的联结。由于合约不完全性客观存在，哈特（Hart）提出剩余控制权概念，即在契约中事先不能规定的那份控制权的权力。所有权和控制权分离条件下产生的代理问题是公司治理产生的根源。当投资者将大量金钱交给陌生人使用时，很难预见将来会发生何种状况，针对该状况企业将作出何种决策。因此，需要事先建立相关制度来避免公司控股股东或经理人滥用控制权损害投资者权益。在公司股权比较分散的情况下，这种掠夺主要表现为管理层的机会主义；在股权集中于控股股东的情况下，则体现为管理层和控股股东对中小股东与债权人的双重侵害。这种对投资者权益的掠夺，涉及投资者参与市场交易所必须之定价权、知情权、决策审议权、选举权和诉权等。

中国证券市场实务中，对投资者权益的侵害主要来自三个方面：一是，公司实际控制人和管理层的不当行为；二是，信息不对称情况下，内部人利用未公开信息牟利；三是，机构或个人滥用资金等方面的优势地位，对股价进行操纵。强化公司治理和投资者保护的法律制度安排，也是各国在排除上述侵害投资者权益行为的立法努力。实证研究发现，大股东对小股东的掠夺在很多国家都很普遍，特别是在公司所有权集中程度较高的国家。[1]笔者认为这套理论也同样适用于新兴的众筹证券市场。

二、美国众筹证券投资者保护制度

SEC 根据美国《1933 年证券法》《1934 年证券交易法》（Securities Exchange Act of 1934）、《初创期企业推动法案》，制定了《众筹规则》（Regulation Crowdfunding），目的是建立一个初创企业通过网络众筹发行证券筹集资金的规则体系，帮助初创企业以相对较低的成本获得发展所需资金。同时，它允许互联网平台协助众筹证券的发行和销售，而不必到 SEC 注册。

---

[1] 根据郎咸平对亚洲上市公司中家族控制企业的研究发现，公司的第一大股东和第二大股东串谋，一起剥削其他小股东的现象比较常见，亚洲家族控制企业仍存在着掠夺小股东的本质，传统性的公司治理措施无法保护小股东利益。胡汝银通过研究中国上市公司现行的公司治理结构，指出中国上市公司治理结构的关键人即最高管理人员或控股股东代表，掌握广泛的控制权，集控制权、执行权和监督权于一身，此种情况下，极易出现控股股东严重侵害中小股东利益的现象。

（一）美国关于股权众筹投资者保护的立法概况

《初创期企业推动法案》正式将股权众筹纳入法律调整的范围，为其发展扫清了制度障碍。该法案第三章对股权众筹作了原则性规定。《初创期企业推动法案》和《众筹规则》对于投资者保护作了严格的规定。

1. 严格限制众筹融资豁免注册的条件以及投资者的投资限额

《初创期企业推动法案》通过增加《1933年证券法》第4条的内容对《1933年证券法》进行了修订。新增的第4（a）（6）条为符合下列条件的众筹证券发行提供了注册豁免：发行人在12个月内筹集的资金不超过100万美元，该数额将根据通货膨胀情况至少每5年调节一次。同时，个人在12个月内的投资应符合如下条件：（1）投资者年收入或资产净值少于10万美元的，只能投资2000美元或年收入、资产净值的5%，以高者计。（2）投资者年收入或资产净值超过10万美元的，可投资的数额为年收入或资产净值的10%，但不得超过10万美元，以上数额将根据通货膨胀情况至少每5年调整一次。（3）转让必须通过已注册的经纪商或众筹平台进行。

2. 明确了众筹融资发行人信息披露标准

《初创期企业推动法案》要求发行人在发行和销售证券时，必须进行信息披露。披露对象包括SEC、投资者、经纪商或众筹平台以及潜在投资者。披露内容包括：发行人名称、法律性质、公司地址、网址；董事及管理人员姓名、持有20%以上发行人股份的股东；发行人经营状况及未来经营计划；发行人财务状况；发行人募投项目及拟募集资金总额；募集期限；证券价格及定价方法；发行人股权架构；等等。

3. 明确规定众筹平台应当履行的义务

《初创期企业推动法案》要求众筹证券的转让必须在符合《1933年证券法》第4A（a）条规定的经纪商或众筹平台进行。根据《1934年证券交易法》第3（a）（80）条规定，经纪商是指在证券交易中对他人账户的证券转让产生影响的人。《初创期企业推动法案》第304条对众筹平台进行了规定，将其定义为在他人账户内的证券转让（包括发行和销售）中，起中介作用的个体。作为众筹平台，必须遵守《1933年证券法》，不得有以下行为：（1）提供投资建议或推荐投资；（2）劝诱投资者购买、出售本众筹平台所发布的证券；（3）为招揽或销售本众筹平台所发布证券而向雇员、代理商或其他人提供补偿；（4）持有、管理或以其他方式占有投资者的资金或证券；（5）其他法律法规或 SEC 明令禁止的行为。

《初创期企业推动法案》为初创企业股权众筹融资提供了附条件的注册豁免，降低了融资难度，但加大了投资者的风险。原因在于，SEC 将不会对发行人所披露资料的真实性、准确性、完整性进行严格审查，也不能保证投资者能充分获取作出投资判断所需信息。如果因注册豁免而无法保证投资者获得与已注册证券投资者同等水平的保护，就需要在其他方面作出更全面的保护。因此，《初创期企业推动法案》不仅对信息披露作出规定，还规定了保护投资者权益的若干措施：一是，限定投资者每年投资于众筹证券的额度；二是，不允许采用广告及公开招揽促进发行，但允许发行人通过平台向投资者发出通知；三是，适度限制对招揽或销售本平台证券的雇员、代理商提供补偿；四是，赋予 SEC 对平台的监管权、行政执法权，授权其制定针对发行人和融资中介的规则；五是，虽然《初创期企业推动法案》规定众筹证券不受各州蓝天法的注册监管，但这一豁免仅适用于注册发行，各州仍有权根据其蓝天法的反欺诈条款对发行人进行调查和起诉。全美金融改革联盟（Americans for Financial Reform，AFR）认为，虽然《初创期企业推动法案》提出了投资者保护的一般性规定，但《众筹规则》却不能为投资者尤其是中小投资者提供足够保护，如果通过此项规则，投资者损失惨重的可能性将陡增，这不仅会促使其远离众筹投资，也会极大降低初创企业通过众筹证券融资的能力。AFR 希望通过进一步限制发行规模来降低风险，平台应为保证发行人合规经营承担更多实质性义务；更重要的是，防止发行人通过利用不同豁免规则发行并列型产品逃避监管。[1]笔者认为，这固然为投资者提供了更全面的保护，但对发行人来说意味着筹资额的减少，对平台来说意味着更高的成本和无法预测的法律责任。立法者面临降低初创

---

〔1〕 Americans for Financial Reform, "Re: Crowdfunding (File Number S7-09-13)", http://www.sec.gov/comments/s7-09-13/s70913-295.pdf, last visited Jan. 3, 2018.

企业融资难度和适度保护中小投资者的两难，但从《初创期企业推动法案》所体现的促进创新、激发创业的精神来看，美国立法者应该会选择前者。

（二）美国关于借贷众筹投资者保护的制度实践

美国借贷众筹投资者保护体系由监管机构和法律制度两个方面构成。监管部门利用联邦和州两级机构对借贷众筹运作的合法合规性进行监管，以控制平台作为金融机构可能产生的信用风险、操作风险、流动性风险以及法律风险；投资者保护法律制度由一系列法案组成，包括《多德弗兰克法案》《诚信贷款法案》（Truth in Lending Act）、《公平信贷机会法》（Fair Credit Opportunity Act）等。

1. 美国借贷众筹必须接受多头监管

美国借贷众筹受到来自联邦和州的两级监管，在联邦层面，主要监管机构包括 SEC、金融消费者保护局（Consumer Financial Protection Bureau，CFPB）、联邦贸易委员会（Federal Trade Commission，FTC）。而各州的情况不尽相同，因此，本书只对联邦层面的监管机构予以关注。

（1）SEC 对借贷众筹业的监管。

目前，SEC 在借贷众筹业监管中处于核心地位。原因在于，2008 年，SEC 在对 Prosper 发出的暂停营业指令[1]中确认了其发售的收益权凭证属于《1933 年证券法》中所规定的证券。SEC 援引了 SEC 诉 W. J. Howey Co. 和 Reves 诉 Ernst & Young 案[2]来说明 Prosper 向放款人出售的收益权凭证属于证券，认为 Prosper 在发售凭证之前应当提请注册或取得有效豁免，否则便构成违法。

---

〔1〕 由于 Prosper 在 2006 年 1 月至 2008 年 10 月间利用互联网平台从事借贷众筹的行为违反了《1933 年证券法》第 5（a）和（c）条 "未经有效注册或豁免，不得发行或销售证券" 的规定。2008 年 11 月，SEC 向 Prosper 发出了暂停营业指令（a cease-and-desist order），2009 年 4 月至 10 月，Lending Club 也暂停出售收益权凭证。

〔2〕 SEC 援引 SEC 诉 W. J. Howey Co. 案的判例证明 Prosper 发行的收益权凭证是投资合同，在该案中，投资合同被定义为 "将资金投入普通企业，利润来源于他人的努力"。SEC 认为 Prosper 通过发行收益权凭证创造了 "一个巨大的、借款人可以从贷款人处获得资金的市场"，代价是还本付息。因此，收益权凭证属于投资合同。SEC 援引了 Reves 诉 Ernst & Young 案的判例来证明 Prosper 发行的收益权凭证是证券而非债务凭证。

根据《1934 年证券交易法》规定，发行人必须按照该法第 13 条的要求提交报告，因此，Prosper 和 Lending Club 必须每天向 SEC 报送新增贷款情况作为募集说明书的补充资料，内容包括每笔贷款的本金、预期收益、损失、月还款额以及借款人的整体信用状况等。严密监管固然能够促进充分信息披露，有利于保护投资者利益，但给平台增加的合规成本却不容忽视。据专家统计，仅 2010 年度，Prosper 向 SEC 报送材料的合规成本就高达 500 万美元，而 Lending Club 的此项花费也达到 300 万美元，[1]高企的信息披露费用已超过了平台能够承受的限度，Prosper 和 Lending Club 之所以能生存，完全仰赖投资基金的支持。[2]据此，有学者认为 SEC 的监管规则严重阻碍借贷众筹业的发展，应当豁免的监管。[3]

（2）金融消费者保护局对借贷众筹的监管职责。

金融消费者保护局在保护借贷众筹参与者、规范借贷平台经营活动方面负有重要职责，并将逐渐成为联邦的主要执法力量。它将承担的职责有：①制定消费者金融规则。《多德弗兰克法案》规定，将原归属于其他联邦机构的金融消费者保护规则制定权及该法案所创设的新规则制定权统一收归金融消费者保护局行使。②监管特定非储蓄类金融机构。包括业务涉及居民抵押信贷、私人学生贷款、工薪贷款的公司，以及"金融产品和服务市场的主要参与者"，并确保这些机构遵守联邦消费者保护法规。③督导大型储蓄机构的合规工作。对资产规模超过 100 亿美元的银行及其分支机构进行合规督导，确保其遵守相关联邦法规。④研究、监测、报告金融产品和服务市场发展情况，并及时向消费者提示风险。[4]金融消费者保护

---

〔1〕 Silla Brush，"Online Lender Lobbies Congress for Industry Consumer Regulator"，http://the-hill. com/business－a－lobbying/102323－online－lender－lobbies－congress－for－industry－consumer－regulator，last visited Jan. 5，2019.

〔2〕 California Hearings. supra note 17. at 17（statement of Chris Larsen，Prosper CEO & Founder）.

〔3〕 Paul Slattery，"Square Pegs In A Round Hole：SEC Regulation Of Online Peer-To-Peer Lending And The CFPB Altenative"，*Yale Journal on Regulation*，winter 2013，p. 233.

〔4〕 United States Government Accountability Office，"Person-To-Person Lending New Regulatory Challenges CouldEmerge as the Industry Grows"，http://www. gao. gov/products/GAO－11－613，last visited Jan. 5，2019.

局对于非储蓄类金融机构、大型储蓄类机构享有主导性的监管权。同时，《多德弗兰克法案》明确了金融消费者保护局对现有的借贷众筹平台享有监管权，也为它立规借贷众筹作了制度上的准备。然而，联邦和州两级监管体制，以及不同机构对借贷众筹监管权的交叉和重叠会使监管套利空间在一段时间内继续存在，因此，与其他机构相协调，逐步压缩、消除套利空间显得尤为重要。

（3）联邦贸易委员会对借贷众筹的监管。

联邦贸易委员会对借贷众筹负有一定的执法职责，虽然，尚未确定 Prosper 和 Lending Club 这两家最主要的借贷众筹平台是否为《1999 年金融服务现代化法》（Financial Service Modernization Act of 1999）所定义的金融机构，但联邦贸易委员会认为如果这两家公司没有被指定其他的监管机构，就将归属于联邦贸易委员会管辖。[1]同时，联邦贸易委员会拥有执行联邦贸易委员会法案第五节——禁止不公平或者欺诈性行为的权力。也就是说，即使借贷众筹机构不受联邦贸易委员会监管，联邦贸易委员会对借贷众筹商业活动中的不公平、欺诈性行为仍负有主要执法责任。另外，联邦贸易委员会也会对借贷众筹平台遵守《诚信贷款法案》（Equal Credit Opportunity Act）、《公平信贷机会法》《公允信贷报告法》（Fair Credit Reportiong Act）、《公平债务催收作业法》（The Fair Debt Collection Practices Act）以及《1999 年金融服务现代化法》中金融隐私条款的情况进行执法检查，以免出现对借款人的歧视、欺诈和其他不当行为。

2. 美国借贷众筹投资者保护制度分析

目前，美国尚未出台专门针对借贷众筹行业的监管规则，但以《多德弗兰克法案》为首的一系列与金融消费者保护相关的法案为借贷众筹投资者保护编织了严密的制度体系。

---

〔1〕 United States Government Accountability Office, "Person-To-Person Lending New Regulatory Challenges Could Emerge as the Industry Grows", http://www.gao.gov/products/GAO-11-613, last visited Jan. 5, 2019.

（1）《多德弗兰克法案》。

《多德弗兰克法案》颁布于美国次贷危机后，因此，它在保护金融消费者方面提出了非常严格的标准。该法案第989F条责成美国总审计长对借贷众筹行业进行研究，并就该行业的监管提出方案。同时，该法案第十章明确了在联邦储备系统下建立独立的"金融消费者保护局"，作为借贷众筹的主要监管机构之一，履行规范金融机构向消费者提供产品和服务、制定联邦金融消费者保护规范职责。根据《联邦法典》（Code of Federal Regulation，CFR）第105条的规定，金融消费者保护局应被视为执法机构，将通过制定规则、发布命令、指引、解释、政策说明、检查和执法行动保障联邦金融消费者保护法规的实施。

（2）《诚信贷款法案》。

1968年，美国国会通过《诚信贷款法案》，该法案旨在增进金融消费者知情权，保护消费者免受不公平、不准确的信贷合同条款误导。

依照美国法律，借贷众筹平台也必须遵守《诚信贷款法案》及其实施规则《Z规则》（Regulation Z）关于保护金融消费者的规定，披露平台财务费用、年利率水平、债权人姓名、借款人融资额度、还款时间表、罚息支付情况，并提醒金融消费者就相关借贷事宜咨询税务顾问。金融消费者保护局将就披露标准格式制定并颁布安全港规则，[1]以简化披露程序，降低信息披露成本。但金融消费者保护局无法直接适用《诚信贷款法案》对平台进行监管，原因在于，《诚信贷款法案》所规制的"贷方"必须满足两个条件：一是经常从事信贷业务；二是必须为还款的最初接受方。按照Prosper和Lending Club的业务模式[2]，还款最初接受方为WebBank，而不是借贷平台。这意味着平台将不受金融消费者保护局监管，但WebBank

---

〔1〕 United States Consumer Financial Protect Bureau, Consumer Financial Protection Bureau Proposes "Know Before You Owe" Mortgage Forms. (2012)（announcing CFPB's proposed TILA forms for mortgage loans）, http://www.consumerfinance.gov/pressreleases/consumer-financial-protection-bureau-proposes-know-before-you-owe-mortgage-forms/, last visited Jan. 9, 2018.

〔2〕 首先由出借人选定借款人，并向平台购买对应的收益权凭证；与此同时，由注册于犹他州的银行WebBank向借款人发放贷款；最后，银行将贷款卖给平台回收本金。在此过程中，贷款违约风险通过收益权凭证转移到了出借人身上，平台和银行均不承担贷款违约风险。

需接受金融消费者保护局和联邦存款保险公司（Federal Deposit Insurance Corporation，FDIC）的双重监管，承担双倍的信息披露义务与合规成本。[1]

（3）《公平信贷机会法》。

《公平信贷机会法》于 1974 年生效，该法案及其配套规则《B 规则》（Regulation B）禁止贷方基于种族、肤色、宗教信仰、国籍、性别、婚姻状况、年龄等因素歧视信贷申请人。要求贷方在正式受理信贷申请人的贷款申请后 30 天内必须通知申请人审核结果，如果贷方未核准信贷申请人的贷款申请或者核准贷款数额低于申请额，应当通知申请人具体原因。这一规则也适用于贷方关闭账户、拒绝提高信用额度、信贷条款负面变化等情形。[2]借贷众筹平台的信贷申请、信用评估、信贷审核都在网上进行，审核时间短、放款速度快，与金融机构相比，更方便申请人。但是，借贷众筹小额、涉众的特性决定了它无法像传统金融机构那样为每位未通过审核的申请人——说明无法向其提供贷款的具体原因。因此，金融消费者保护局正在研究借贷众筹如何合理、高效地执行《公平信贷机会法》及《B 规则》的问题。

（4）《公平债务催收作业法》。

为了维护债务人合法权益，促进债务催收行业规范发展，美国国会于 1977 年通过《公平债务催收作业法》。该法对债务催收行为进行了严格的限制。[3]与其他联邦法案不同，《公平债务催收作业法》不允许制定配套

---

〔1〕 United States Government Accountability Office，"Person-To-Person Lending New Regulatory Challenges Could Emerge as the Industry Grows"，http://www. gao. gov/products/GAO-11-613，last visited Jan. 5, 2019.

〔2〕 CFPB Consumer Laws and Regulations，"Equal Credit Opportunity Act（ECOA）"，http://files. consumerfinance. gov/f/201306_ cfpb_ laws-and-regulations_ ecoa-combined-june-2013. pdf，last visited Jan. 9, 2019.

〔3〕《公平债务催收作业法》禁止在债务催收过程的以下行为：（1）禁止于当地时间早 8 点到晚 9 点之外的时间致电债务人，如果债务人所服务的雇主不允许在工作时间接听此类电话，催收人也不得在债务人的正常工作时间内电话催收；（2）通过连续不断地拨打电话骚扰、辱骂、滋扰债务人；（3）在债务人已委托代理律师的情况下，仍向其本人催收；（4）催收人必须充分披露自身的身份与催收目的，任何关于其身份或者功能的误导性陈述都是违法的；（5）在"坏账"名单上公布债务人的姓名或地址；（6）要求债务人支付超出信贷合同及相关法律规定的不合理费用；

规则，因此，有关机构不能以颁布规则或其他规定的形式监管、规范债务催收行业。[1]《多德弗兰克法案》对《公平债务催收作业法》进行了修订，允许金融消费者保护局制定《公平债务催收作业法》所定义的"债务催收人"催收行为准则，同时，将《公平债务催收作业法》项下的执法权授予金融消费者保护局。[2]但 Prosper、Lending Club 内设部门催收债务时，由于借贷众筹平台购买了银行债权，应被视为债权人，平台内设部门向债务人催收不在《公平债务催收作业法》管辖范围内。

三、中国众筹证券投资者保护制度建议

（一）股权众筹投资者保护立法建议

众筹作为一种新兴的融资模式，代表着互联网金融的发展方向与必然趋势。

《私募股权众筹融资管理办法（试行）》（征求意见稿）由中国证券业协会于 2014 年 12 月 18 日正式发布，该征求意见稿对股权众筹的合法合规性予以明确确认，并将股权众筹发行界定为非公开发行，对众筹平台的性质、合格投资者的界定和保护、融资者的义务等作出规定。笔者认为，监管部门在众筹业务"去向不明"之时，及时出台监管规则，有利于投资者规避风险，但在准确界定股权众筹合格投资者、规范信息披露制度、建立健全社会征信体系、加强信息安全监管方面可以美国法为借鉴，结合我国众筹运行实践，逐步探索现阶段股权众筹立法及监管路径。

（接上页）（7）以侮辱性、亵渎性语言或威胁逮捕债务人的方式催收；（8）向除债务人配偶及律师以外的第三方披露或商讨相关债务事宜；（9）采用容易泄露债务人隐私的方式催收，不能通过贺卡、传真等方式进行催债联络；（10）催收人以书面形式对债务人发出偿债通知，其偿付要求被债务人拒绝后，催收人不得再次联系债务人，但通知债务人催收机构将提起诉讼或采取其他合法措施除外；（11）在催收过程中对债务人征信档案提供不实信息或以威胁向征信机构提供不利征信信息的方式催收；（12）使用或威胁使用暴力或其他犯罪手段，造成任何人身、名誉或财产损害的方式催收。

[1]　See, 15 U. S. C. s 1692.1 (d).

[2]　See, Dodd-Frank, s 1089.

1. 准确界定股权众筹合格投资者

众筹筹资者多为初创企业，大多数人并不能对初创企业的发展前景作出判断，因此，众筹投资者需要承受的风险高于公开发行股票投资者，明确界定合格投资者十分必要。《私募股权众筹融资管理办法（试行）》（征求意见稿）提出，股权众筹合格投资者应为具备相应风险识别能力和风险承担能力的单位和个人：（1）净资产不低于1000万元的单位；（2）金融资产不低于300万元或者最近3年个人年均收入不低于50万元的个人。但笔者认为此番对于合格投资者的界定是否准确，有待商榷。因为个人金融资产不低于300万元或者最近3年个人年均收入不低于50万元的门槛过高。众筹诞生的初衷是要解决普通居民投资渠道不畅问题，将门槛定得过高，不仅会使众筹证券从"普惠金融"变为"贵族金融"，而且不利于多层次资本市场的构建。美国《众筹规则》之所以没有对合格投资者设定准入门槛，只是以年收入或净资产10万美元为界线，对投资者设定了年投资额的限制，是因为他们认为合格投资者不仅要具备承担风险能力，更重要的是对风险有充分的认知和接受度。笔者认为，在设定合格投资者资产、收入恰当标准的同时，更应该强调投资者应接受过金融、法律、会计等与投资有关的教育、辅导，应阅读过众筹投资相关书籍，应对所投资企业行业状况有所了解。虽然，"领投+跟投"模式从很大程度上降低了投资者不了解投资及行业基础知识带来的风险，但可以预见的是，今后的众筹平台不可能都使用该模式，且这种模式对领投人专业及道德要求极高，在代理风险存在的前提下，须准确定位合格投资者。

2. 规范信息披露制度

《私募股权众筹融资管理办法（试行）》（征求意见稿）未对平台及筹资项目信息披露标准作出规定，但对平台信息报送辟专章阐述要求。笔者认为，之所以暂不规范信息披露制度并将日常信息报送对象定为中国证券市场监测中心是因为监管层对于股权众筹这一新生事物的监管标准尚不能完全确定，需要更长时间的观察、研究和论证，因此，对于信息披露这一监管核心环节持谨慎态度。在信息披露标准方面，美国《众筹规则》依筹资额度不同设定不同标准的做法值得借鉴，特别是会计信息披露，不同程度的要求，对于企业的合规成本会产生较大影响。因此，笔者建议应在充分研究信息披露对筹资企业合规成本影响的基础上，建立适合我国股权众筹市场的信息披露制度。

3. 建立健全社会征信体系

众筹融资筹资者和投资者均来自互联网，在虚拟世界中，双方信息是否真实、资金来源是否合法、募集资金投向是否合规难以判断。美国之所以率先承认股权众筹的合法性并由 SEC 立规监管，一方面是实践需要，另一方面更重要的是美国拥有完善的社会征信系统，企业、个人征信信息能满足平台项目筛选、合格投资者管理的需要。我国征信信息系统尚处在满足贷款授信业务需要的阶段，记录来源为各家商业银行，信息全面性以及覆盖率不能满足平台要求。因此，建立健全社会征信体系，对股权众筹乃至互联网金融发展不可或缺、不可忽视。

4. 加强信息安全监管

众筹融资在网上进行，涉及投、融资方大量信息。平台在登记、维护过程中若处理不善，数据可能被破坏、泄露、盗用或丢失，这对平台、投资者、筹资者的打击是毁灭性的。建立信息管理安全审查制度，保护个人隐私及企业敏感信息不被泄露及滥用，设置安全机制，对信息使用作出明确规定，不仅有利于交易双方信息安全，更有利于股权众筹的长远发展。

（二）借贷众筹投资者保护立法建议

1. 制定行业准入制度

借贷众筹被明确划归中国银行保险监督管理委员会（以下简称中国银保监会）监管，但中国银保监会一直未出台对借贷众筹行业的具体监管措施。2021 年 5 月起施行的《防范和处置非法集资条例》第 9 条明确规定，市场监督管理部门应当加强企业、个体工商户名称和经营范围等商事登记管理。除法律、行政法规和国家另有规定外，企业、个体工商户名称和经营范围中不得包含"金融""交易所""交易中心""理财""财富管理""股权众筹"等字样或者内容。县级以上地方人民政府处置非法集资牵头部门、市场监督管理部门等有关部门应当建立会商机制，发现企业、个体工商户名称或者经营范围中包含前款规定以外的其他与集资有关的字样与内容的，应及时予以重点关注。考虑到平台所从事的业务大多属金融类业务，需要具备较好的风险控制能力和资金管理能力，监管机构应尽快出台相关行业准入制度，对资本金、风险拨备、从业人员资质提出要求。同时，加强借贷众筹网站 ICP 注册管理，规定只有获得主管金融监管机构设立批文或者备案通知的平台才能进行 ICP 注册，通过准入机制控制平台质量以降低风险。

2. 明确界定合格投资者

借贷众筹大多无抵押、无担保，其风险性远远高于存款及银行、信托理财产品，但多数普通投资者对此并无理性认识，因此，必须明确界定合格投资者范围，从源头上保护中小投资者合法权益。

目前，明确规定合格投资者条件的是《信托公司集合资金信托计划管理办法》。其第 6 条规定，合格投资者是指符合其所列示的三项财产性条件[1]之一，并能够识别、判断和承担信托计划相应风险的人或组织。三项财产性条件，说明我国对信托产品合格投资者的要求只存在于经济实力方面，对投资经验和所投资对象的了解程度不作任何要求，这是极不科学的。经济实力仅能反映投资者承受风险的能力，投资经验却能够折射出投资者分析市场、投资对象及规避风险的能力，对所投资对象的了解程度意味着能够更加理性地认识风险和规避风险。因此，结合我国实际，借贷众筹行业合格投资者制度至少应当包括经济实力、投资经验、行业认识三项基础标准，而且，在此基础上还可以加入新内容，如是否接受过金融、法律、会计等与投资有关的教育，是否阅读过借贷众筹投资相关书籍，对所投资平台运营状况是否了解等。

---

[1] 一是，投资一个信托计划的最低金额不少于 100 万元的自然人、法人或者依法成立的其他组织；二是，个人或家庭金融资产在其认购时总计超过 100 万元，且能提供相关财产证明的自然人；三是，个人收入在最近 3 年内每年收入超过 20 万元或者夫妻双方合计年收入在最近 3 年内每年收入超过 30 万元，且能提供相关收入证明的自然人。

3. 建立健全信息披露制度

投资者在选择投资平台时，违约率、不良贷款率、坏账率等指标是决定是否投资的关键因素。目前，大多数平台不倾向于披露自身财务状况和实际违约率、不良贷款率以及坏账率。其实，即使披露也未必清晰、可信。笔者认为，互联网金融专业委员会作为行业协会应当制定相应规则，统一借贷众筹平台关于违约率、不良贷款率、坏账率的计算方法。同时，颁布借贷众筹平台信息披露规则，强制平台按照规定的计算方法计算实际违约率、不良贷款率以及坏账率并准确、完整、及时地披露规定信息。这样做不仅有利于投资者依赖于更加可靠的信息选择投资平台，也有利于监管机构依据相应指标客观、有效地判定平台经营状况，促进有效监管。

4. 建立健全社会征信体系

当前，我国的借贷众筹利率高企，究其原因主要有两个：一是，社会征信体系不完善，平台尽职调查成本过高；二是，借贷众筹的借款人多为银行淘汰客户，且无抵押、无担保，必须收取比银行更高的利率以弥补一部分借款人无法偿还贷款的损失。针对平台尽职调查成本过高的问题，有机构正在推动中国人民银行征信系统与借贷众筹平台对接。但笔者认为，这并不能解决根本问题：一是，由于客户群的巨大差异，银行系统的征信信息与平台无法匹配；二是，银行贷款多为有抵押、有担保的贷款，风险较平台无抵押、无担保贷款小，平台投资者理应获得更高利率。基于以上因素，笔者认为，单纯依靠中国人民银行征信系统不能解决借贷众筹风险控制问题，也不能解决平台借贷利率偏高问题。要从根本上解决上述问题，必须建立完善的社会征信系统，使企业、个人征信信息能满足平台借贷主体筛选、合格投资者管理的需要。

5. 建立借贷众筹投资保险制度

2015年2月17日，国务院发布《存款保险条例》，并于2015年5月1日起施行，该条例将吸收存款的银行业金融机构，包括商业银行、农村合作银行、农村信用合作社等都纳入强制性的存款保险体系。该条例规定存款保险实行限额偿付，最高偿付限额为50万元（可根据经济发展、存款结构等由国务院批准后调整）。同一存款人在同一家投保机构所有被保险存款账户的存款本金和利息合并计算的资金数额在最高偿付限额以内的，实行全额偿付；超出最高偿付限额的部分，依法从投保机构清算财产中受偿。该条例的出台为借贷众筹投资者保护提供了良好的借鉴。建立借贷众筹投资保险制度既有利于保护投资者的合法权益，也有利于通过市场机制强化对平台经营行为的监督，及时防范和化解金融风险。在平台及其关联机构以自有资金提供本金、利息担保容易引发担保与关联风险的情况下，建立借贷众筹投资保险制度，为借贷众筹投资提供统一的强制保险，不仅有利于保护投资者，更有利于平台及行业的健康发展。

6. 建立投资者投诉受理制度

在无监管机构、无行业标准、无准入门槛的"三无状态"下，借贷众筹投资者保护最迫切的制度需求是投诉受理机制。行业所面临小额信贷技术风险、异化产品风险、中间账户监管缺位风险、担保与关联风险、非法集资风险、流动性及证券化风险、财务披露风险随时可能摧垮平台，同时，互联网的匿名性、社会征信系统的不健全以及监管政策尚未出台导致借贷众筹行业投资者的合法权益无法得到有效保障。在相关监管规则尚未全面出台前，较为稳妥的方式是建立投资者投诉受理机制，由监管机构内设部门接受投资者投诉并责成相关部门妥善处理。此种方式不仅有利于保护借贷众筹投资者，也有利于监管机构收集各种违规信息，以制定更为行之有效的监管规则。

第三节　发行审核制度：豁免注册与事后备案

发行审核制度，是指一国或地区证券发行审核机构对发行人发行证券的申请材料进行审阅活动所遵循的原则。证券发行审核监管是证券市场监管的开始，发行审核制度与经济发展、社会发展水平是否匹配关系着一国或地区证券市场的健康与稳定。因此，世界上绝大多数国家和地区对证券发行施行严格的监管，但在证券发行审核内容与具体操作上各不相同。依据各国为维护证券发行市场的公开、公平、公正，切实保护投资者利益而对市场资源、行政资源的不同安排，可以将发行审核制度划分为注册制和核准制两种。[1]

一、注册制

（一）注册制的概念

注册制又称申报制、登记制，是指发行人在公开发行前，需要将与发行有关的资料向证券发行审核机构申报以请求注册登记。审核机构在审阅时，仅对申报材料的完整性进行审查，而不对申报材料的真实性、准确性承担责任，对发行人及其申请注册证券的价值不作判断。如果公开方式适当，证券监管机构不得以发行证券价格、其他非公平条件，或发行人对公司前景判断不合理等理由而拒绝注册。注册制所依赖的社会经济基础是运行良好的自治、自律、法治化的市场经济，严格实行"买者自负"原则[2]。因此，注册制是以信息披露制度为核心的证券发行审核制度。从投资者的角度看，注册制提供了统一透明的交易场所和交易品种，降低了信息的不对称性。从发行人的角度看，注册制提供了简化的审核手续，有效缩短了融资时间。但是，由于发行手续简便，发行人很可能基于募集资金的目的损害投资者利益，因此，注册制下更重视发行后的监管工作。

（二）注册制的特征

1. 遵循公开原则

公开原则的基本理念来自于美国法学家路易斯·D. 布兰代斯（Louis

---

〔1〕 也有学者提出审核制度的三分法，即审批制、核准制和注册制（黎红刚："发行的大趋势：核准制向注册制转变"，载《上市公司》2001 年第 5 期；程合红："从证券市场出现的问题透视证券发行监管制度"，载《法制日报》，2001 年 10 月 28 日）。笔者不同意三分法，主张二分法（核准制和注册制）。根据分类的标准：证券发行权利是依法自然取得，还是需要政府行政许可；审核机关是否对发行证券质量作出实质要求和判断。可知，审批制是核准制的一种表现形式，审批制较核准制更加严格，因此也称为"严格核准制"。通过对一般核准制和审批制的比较分析，可以发现，两者本质特征一致，发行证券的权利来源于政府的行政许可，监管机构有权直接干预证券发行。

〔2〕 这一常识与原则的基本含义就是"投资者进行的所有证券投资既存在盈利的可能，同时也存在亏损的可能，无论证券投资的结果是盈利还是亏损均由投资者本人自行承担"。

D. Brandeis）所著《别人的钱：投资银行家的贪婪真相》(other people's money and how the bankers use it) 一书。布兰代斯在该书中提出"公开制度作为现代社会与产业弊病的矫正手段而被推崇"，"阳光是最有效的防腐剂，灯光是最有效的警察"。证券监管机构没有必要对证券予以价值评价，直接介入发行活动。只要发行人按照法规要求将必要信息向公众披露，公众即可依据信息进行投资判断和决策。

2. 无异议即自动生效

监管机构正式受理发行人注册申请后，在规定期限内未提出异议，自期限届满后下一个工作日起，注册申请即告生效。如果监管部门认为发行人申请材料有涉嫌虚假记载、误导性陈述或重大遗漏的情形，可要求发行人修正、澄清或进行补充，如调整后信息披露内容仍不符合信息披露、公开的相关规定，则注册申请将被拒绝。

3. 严格的先决条件

通过观察注册制的监管实践，可知目前发行审核制度采用注册制的国家或地区普遍具备如下特征：(1) 较成熟的市场经济和完善的市场运行规则；(2) 较完善的法律体系和有效的司法系统；(3) 发行人、承销商、会计师事务所、律师事务所等中介机构具有良好的职业操守和专业技能；(4) 投资者成熟的投资心态和适格的投资能力；(5) 监管层具有较为完善的市场化监管手段。这五个方面的特征概括起来主要表现在两个方面：一是市场对参与主体的有效约束机制；二是可信赖的司法系统及对违法行为的惩处。市场的有效约束机制使得参与各方均能归位尽责，勤勉履职，促进市场形成良好的选择机制，避免劣币驱逐良币情况的发生。可信赖的司法系统能够及时对违法行为主体进行有效的刑事、行政处罚，提高其违法成本，有效抑制违法情况的发生。

二、核准制

(一) 核准制的概念

核准制是由证券监管机构对发行人是否满足相关法律法规规定的发行

条件以及信息披露是否真实、准确、完整进行实质审查，并且往往在信息披露之外，对发行人盈利能力的真实性和可持续性、业务的合法合规性、商业模式及募投项目的合理性等进行实质判断，遵循实质管理原则。证券监管机构对证券能否发行具备较强的行政裁量权，期望通过严格的实质审查，替投资者把好入门关，达到禁止质量差的证券公开发行、保证市场稳定的目的。

（二）核准制的特征

1. 以保护投资者为出发点

作为高风险市场，投资者尤其是中小投资者在信息获取上居于弱势地位，并非所有证券投资者都有良好的能力、足够的时间对市场主体所披露信息进行甄别、判断，并据此作出正确的投资决策。完全的买者自负可能使中小投资者的权益受到较大损害，核准制的立法意图是通过前端的实质审查，配合"公开原则"下的信息公开披露制度，尽可能提高信息披露质量和发行人透明度，同时排除低品质的证券进入市场，实现在公众投资者个人判断选择能力不足时保护投资者合法权益的目的。核准制是政府维护金融市场秩序、保证交易安全、维护投资者利益和市场信心的一项重要制度选择，具备行政干预特征，虽然这种干预是在法规的框架下完成。由于必须满足法定发行实质条件，因此，核准制下发行的证券具有一定投资价值。

2. 注重实质性审查

证券监管机构在证券发行审查中享有实质审查权，严格来说行政管理意味较浓，监管机构在证券发行中起到筛选、把关作用。它既要求证券监管部门审核发行人主体资格、拟发行证券质量、发行规模，也对发行人的信息披露作出严格规定，甚至对发行人的持续盈利能力作出价值判断。因此，在很大程度上表现出国家法律、行政干预的特征。

三、注册制与核准制的共性与差异

两种证券发行审核制度在实践中都有其成功范例，制度构建在许多方面存在差异，各有利弊，但也具备很多相同之处。不能忽视的是，市场失灵[1]与政府干预[2]是核准制与注册制共同的理论基础。1929年到1933年发生的经济危机，使各国都意识到政府"守夜人"的传统定位已经不能完全适应社会发展的要求，国家对市场失灵必须进行适度干预，以提高社会资源使用的效率和收益。在证券市场则表现为各国政府加强了对证券市场的监管。虽然理论基础相同，但核准制和注册制的侧重点各异，注册制崇尚自由主义经济学说，认为完全理性的经济人，在市场经济条件下，具备良好的获取信息并作出最优行为选择的能力，能够顺利实现自我利益最大化。相较于个体选择，国家干预不会做得更好，重视充分发挥市场机制本身优胜劣汰的决定性作用。而核准制则着眼于强调政府的干预作用，认为政府的把关有利于筛选出质量更好的证券，保护投资者利益，维护市场长期稳定。两种制度的差异体现在：

（一）证券发行条件的规则定位不同

核准制下，证券监管机构主要审查信息披露事项与法定条件之间的一致性和适应性。往往会明确规定证券发行人需满足的资格与条件，通常可分为财务性条件和非财务性条件。财务性条件主要包括对净利润、现金流量、收入和资产构架等的具体定量规定；非财务性条件主要包括内部控制有效性、独立面向市场的经营能力、商业模式未发生重大变化、持续盈利能力以及合法合规性等的具体定性规定。上述发行条件作为法定"门槛"，具有较强的筛选功能。注册制下，证券法不直接规定证券发行条件，通常

---

〔1〕 市场失灵是指市场无法有效率地分配商品和劳务的情况。一方面，对经济学家而言，这个词汇通常用于无效率状况特别重大时，或非市场机构较有效率且创造财富的能力较私人选择为佳时。另一方面，市场失灵也通常被用于描述市场力量无法满足公共利益的状况。在此着重于经济学主流的看法。经济学家使用模型化理论解释或了解这个状况，市场失灵的主要原因为成本或利润价格的传达不适切，进而影响个体经济市场决策机制。

〔2〕 国家干预亦称宏观调控（Macro-economic Control），是政府对国民经济的总体管理，是一个国家政府特别是中央政府的经济职能。它是国家在经济运行中，为了促进市场发育、规范市场运行，对社会经济总体的调节与控制。宏观调控的过程是国家依据市场经济的一系列规律，实现总量平衡，保持经济持续、稳定、协调增长，而对货币收支总量、财政收支总量、外汇收支总量和主要物资供求的调节与控制。运用调节手段和调节机制，实现资源的优化配置，为微观经济运行提供良性的宏观环境，使市场经济得到正常运行和均衡发展的过程。

情况下公司设立条件与证券发行条件相统一，发行条件一般不高于公司设立条件。证券发行被视为公司的自然权利，一般不对申请人设定"门槛"，强调信息披露和市场自由选择，满足信息披露要求即可发行。

（二）信息披露在证券发行制度中的地位不同

注册制下，尊重市场经济的自由性，不对拟发行证券进行实质性审查，也不对发行人进行投资价值判断，通过督促发行人履行信息披露义务实现对证券发行的有效监管。因此，实行注册制的国家对证券发行人的信息披露要求十分严格，信息披露在证券发行中居于首要地位。发行人须按照有利于投资者决策的原则，在满足最低强制性信息披露要求的基础上，真实、准确、完整地公开披露与证券发行相关的全部信息，不得有任何虚假陈述或重大遗漏。否则，发行人及其他相关责任人应承担严格的法律责任。而核准制十分重视对发行人的资产独立性、持续盈利能力、财务信息真实性等内容进行实质性审查、判断，通过实质性审查是获取发行资格的核心内容，虽然也强调以信息披露为中心，但信息披露是对实质性审查的补充和加强，居于辅助地位。

（三）对投资者的假定和要求不同

核准制以国内广泛存在非专业投资者为假定前提，由于大量的非专业投资者缺乏判断证券质量好坏、是否具有投资价值的知识与技能。因此，监管机构以"父爱主义"的精神对证券发行进行实质性审查，目的是尽量排除劣质证券进入，防止新兴、不成熟市场中劣币驱逐良币的风险，维护市场信心，保护普通投资者合法权益。注册制下，市场普遍接受"买者自行小心"和"卖方自行小心"的监管原则。监管机构假定投资者是完全理性的"经济人"，能够作出成熟的投资判断；并且在市场约束机制有效运转的情况下，能够快速便捷获取市场、发行人、证券服务机构的各种公开信息。若投资者根据市场情况自由决策遭受损失，法律也不予干预或纠偏，因为甘愿受损被视为投资者的一项权利。[1]

---

〔1〕 Louis D. Brandeis, *Other People's Money and How the bankers Use It*, National Home Library Foundation, ed., 1993, p. 12.

四、中国众筹发行审核制度之检讨

（一）美国众筹发行审核制度梳理

史蒂文·布雷福德（Steven Bradford）教授撰写的《众筹与联邦证券法草案》[1]一文，对美国众筹发行审核制度进行了讨论，通过对联邦证券法现有豁免注册规定的观察发现，现有的豁免政策并不能与众筹发行的特点相匹配，不能促进众筹证券发行优势的发挥。根据他对豁免政策的梳理，认为豁免可能来自如下规则：一是，《1933 年证券法》第 4（2）条为私募发行提供的豁免或者其安全港规则《D 规则》第 506 条，以及《1933 年证券法》第 4（5）条所提供的豁免；二是，《D 规则》第 504 条；三是《D 规则》第 505 条；四是，《A 规则》所提供的豁免。

1. 《1933 年证券法》第 4（2）条、《D 规则》第 506 条与《1933 年证券法》第 4（5）条

（1）《1933 年证券法》第 4（2）条。

《1933 年证券法》第 4（2）条豁免了发行人不涉及公开发行的转让行为，但实际上此项豁免的边界模糊不清，美国联邦最高法院在 Ralston Purina 案中将此项豁免的适用标准加以明确，以销售对象"没有运用证券法的实际必要"或"是否有能力保护自身利益"为标准。其后的案件将此标准进一步发展，以销售对象的"证券投资经验成熟度"以及"有途径获取在证券注册中所应披露的信息"为标准。[2]众筹证券的发行对象并不限于成熟投资者，绝大多数众筹网站都向普通投资者开放，而众筹最吸引人的地方也在于此，因此，《1933 年证券法》第 4（2）条并不适用于众筹证券的发行。

（2）《D 规则》第 506 条。

《1933 年证券法》第 4（2）条的安全港规则《D 规则》第 506 条也无

---

〔1〕 Steven Bradford, "Crowdfunding and The Federal Securities Laws Draft", http://www.sec.gov/info/smallbus/acsec/bradford_ crowdfunding. pdf, last visited Jan. 9, 2019.

〔2〕 SEC v. Ralston Purina Co. , 346 U. S. 119, 125 (1953).

法适用于众筹证券发行。原因在于,《D 规则》第 506 条的发行对象必须为"获许投资者"或者满足投资者成熟度要求。获许投资者主要是机构投资者或者是具有丰富证券投资经验且具有一定财富规模或收入水平的个人投资者。而众筹证券投资者并不能满足上述要求。并且,《D 规则》第 506 条禁止在发行过程中的一般性招揽和广告,SEC 及其工作人员认为,发行人或其承销商不得与一般性招揽对象即投资者有违反一般性招揽限制规定的任何关系。[1]

(3)《1933 年证券法》第 4 (5) 条。

《1933 年证券法》第 4 (5) 条和第 4 (6) 条,与《D 规则》第 506 条相似。该规则允许在没有使用广告和一般性招揽的情况下,只向获许投资者发行和销售证券。因此,《1933 年证券法》第 4 (5) 条与《D 规则》第 506 条一样,对于中小投资者进入众筹市场并无意义。

2.《D 规则》第 504 条

《D 规则》第 504 条豁免了 100 万美元以下的发行注册,但是,与《D 规则》第 505 条、第 506 条一样,都必须遵守一般性招揽禁止规则,唯一的例外是根据《D 规则》第 504 条所作的发行和销售符合州关于获许投资者的注册豁免规定。[2]美国著名众筹网站 ProFounder 曾经试图将众筹对象限定在发行前已与发行人实际控制人发生联系的人群,如亲人、朋友等。但这种做法实际上与私募发行无异,它限制了其筹资民主化作用的发挥,贬损了众筹发行应有的价值。而且,依照《D 规则》第 504 条的规定,众筹发行若面向公众,需要满足该发行已在各州注册的条件,这笔注册费用非常昂贵,因此,适用《D 规则》第 504 条豁免并不经济。

---

〔1〕 See, e. g., In the Matter of Kenman Corporation, Exchange Act Release No. 21962, 1985 WL 548507.

〔2〕 Rule S02 (c), 17 C. F. R. § 230. 502 (c) (2007). ("Except as provided in § 230. 50 4 (b) (1), ..."); Rule. 504 (b) (1), 17C. F. R. § 230. 504 (b) (1) (2007) (sold in one or more states. requiring registration and delivery of a disclosure document to investors or pursuant to a state exemption allowing general solicitation in offerings limited to accredited investors).

3. 《D 规则》第 505 条

《D 规则》第 505 条豁免了 500 万美元以下的发行注册。依照《D 规则》第 505 条发行证券的对象并不限于获许投资者或者成熟投资者，但必须遵守与《D 规则》第 506、504 条相同的一般性招揽禁止规定，与《D 规则》第 506 条一样，发行人向非获许投资者发行，人数不得超过 35 人。这与众筹证券发行的特点极不匹配，不能发挥众筹发行应有的作用。

4. 《A 规则》

《A 规则》为非报告公司 12 个月内 500 万美元以下的发行提供了注册豁免。[1]与《D 规则》不同，《A 规则》并不禁止一般性招揽，但是要求发行人提交信息披露文件，在发行人与潜在投资者沟通方面也设置了诸多限制。《A 规则》所规定的小额发行豁免虽然豁免了注册，但信息披露的成本依然很高，1997 年，针对小额发行的费用统计显示，已经达到 40 000~60 000 美元的水平[2]。这对于小规模发行来说是非常昂贵的，对于参与众筹证券发行的初创企业来说更是一笔难以承受的费用。

由此可见，旧有的法规由于其时代的局限性无法适应众筹发行的发展需要。众筹发行的互联网平台数量众多、便捷高效，且投资者时空分布较为松散、单笔金额较小且总金额不大等特点决定了其发行费用应当低廉、发行审核手续应当简便、投资者范围应当尽量广阔。考虑到这些因素，美国在众筹立法方面没有选择沿用旧法，而是通过新法案对《1933 年证券法》进行修订，为众筹发行提供了不同于其他发行方式的注册豁免。《初创期企业推动法案》通过增加《1933 年证券法》第 4 条的内容对《1933 年证券法》进行了修订。新增的第 4(a)(6)条为发行人在 12 个月内筹集的资金不超过 100 万美元（该数额将根据通货膨胀情况至少每 5 年调节一

---

〔1〕 2015 年 3 月 25 日，SEC 批准了《A 规则》修订版（Amendments to Regulation A）将这一数额调整至 12 个月内 5000 万美元以下，完全改变了创业企业的融资格局。

〔2〕 See, supra note 44, at 512 n. 20. See also 24 PRIFTI, supra note 202, at lA-108（Costs of a Regulation A offering include：filing fee ＄100；underwriting costs 10-18% of the offering amount；printing costs ＄7500-15 000；engraving stock certificates. ＄1500；legal costs3% of the offering amount；accounting costs ＄5000-20 000；expert fees ＄300-5000；state filing fees ＄150-4000 per state；and NASD filing fees ＄500 plus 0. 1% of the offering amount）.

次）的众筹证券发行和转让提供了注册豁免，并规定，个人在12个月内的投资应符合如下条件：（1）投资者年收入或资产净值少于10万美元的，只能投资2000美元或年收入、资产净值的5%，以高者计。（2）投资者年收入或资产净值超过10万美元的，可投资的数额为年收入或资产净值的10%，但不得超过10万美元，以上数额将根据通货膨胀情况至少每5年调节一次。（3）要求转让必须通过已注册的经纪商或筹资门户进行。

（二）我国众筹发行审核制度之讨论

2014年12月，中国证券业协会发布《私募股权众筹融资管理办法（试行）》（征求意见稿），向社会公开征求意见。该征求意见稿对股权众筹的合法合规性予以明确确认，就股权众筹平台的定位、投资者的界定和保护、融资者的义务等作出规定。笔者认为，监管部门在股权众筹业务"去向不明"之时，及时出台监管规则，有利于保护投资者合法权益。

《私募股权众筹融资管理办法（试行）》（征求意见稿）第12条明确规定："融资者不得公开或采用变相公开方式发行证券，不得向不特定对象发行证券。融资完成后，融资者或融资者发起设立的融资企业的股东人数累计不得超过200人。法律法规另有规定的，从其规定。"将股权众筹发行方式界定为非公开发行。

目前，我国上市公司非公开发行证券应经中国证监会核准。但现行《证券法》并未对其他类型证券非公开发行审核制度作出规定，只是规定"非公开发行证券，不得采用广告、公开劝诱和变相公开方式"。有学者指出，"非上市公司进行的证券非公开发行不受核准制约束"。[1]笔者认为，证券私募发行审核不应简单比照适用公募发行的审核制度。由于《证券法》未对私募发行审核制度作出基础性规定，部门规章对各种私募产品的发行规范非常分散，"一行两会"以及财政部、国家发展和改革委员会均依职权对相关证券的私募发行履行审核职责，导致审核主体多样，审核标准无法统一，私募产品质量出现较大差异。同时，对私募产品的审核也多以"核准制"为基础，少数采取备案制审核的，其实际备案过程也存在核

---

[1] 周友苏主编：《新证券法论》，法律出版社2007年版，第150页。

准的影子，究其成因，一是现行法规未对私募发行与公募发行的审核标准作明确区分，二是监管部门不舍放弃行政审批权力。

将股权众筹发行定义为非公开发行，也就是私募发行，笔者认为可能影响众筹"普惠金融"优势的发挥。首先，私募发行的发行对象不能超过200人，限制了参与人数与筹资金额；其次，私募发行的合格投资者一般门槛较高。在《私募股权众筹融资管理办法（试行）》（征求意见稿）第14条将合格投资者定义为具备相应风险识别能力和风险承担能力的单位（净资产不低于1000万元）和个人（金融资产不低于300万元或者最近3年个人年均收入不低于50万元）。但笔者认为此番对于合格投资者的界定是否准确，有待商榷。个人金融资产不低于300万元或者最近3年个人年均收入不低于50万元的门槛过高。众筹诞生的初衷就是要解决普通居民投资渠道不畅问题，将门槛定得过高，不仅会使众筹失去原有的魅力，而且不利于筹资民主化的实现。美国《众筹规则》之所以没有对合格投资者设定准入门槛，是因为他们认为合格投资者不仅要具备承担风险的能力，更重要的是对风险有充分认知和接受度。

值得欣喜的是，《私募股权众筹融资管理办法（试行）》（征求意见稿）第22条规定："股权众筹平台应当在众筹项目自发布融资计划书之日起5个工作日内将融资计划书报市场监测中心备案。"也就是说，对于众筹股票的发行审核制度，监管机关采取了事后备案制，这实际上相当于注册豁免。

第四节　信息披露：强制与自愿

证券是一种可转让的权利凭证，因此，它具备一般商品可交易的特征，但又不同于普通商品。原因在于，证券的品质仅从外观难以判断，证券价格只能通过综合性财务指标和合规性指标反映，这些指标微观上包括但不限于发行人持续盈利能力、独立性、规范运作、财务会计工作规范性、所属产业是否符合国家政策等，宏观上包括但不限于宏观经济景气程度、政府政策变动等，有时甚至还取决于其他投资者对市场及宏观经济的信心与判断。因而，对于证券市场来说，信息的价值和意义是一般商品市场难以比拟的。效率市场理论认为证券价格已经反映了所有可以得到的信息，其有效假设中的强式、半强式、弱式等市场效率分类标准实质上就是信息在证券市场中被开发和利用的深度和广度。证券市场的微观结构理论主要是研究市场交易者获取信息与处理信息的行为对证券交易过程的影响。基本面分析、技术分析以及行为金融学等，实际上是针对证券市场信息不对称、不完备的客观情形。由此可见，信息是证券市场的核心。

一、美国众筹发行信息披露经验

（一）美国众筹证券信息披露制度

1. 发行人信息披露义务

《初创期企业推动法案》要求发行人在发行和销售证券时，必须进行信息披露，披露对象包括 SEC、投资者、经纪商或筹资平台，甚至包括潜在投资者。披露内容主要包括：（1）发行人名称、法律性质、公司地址、网址；（2）董事及管理层信息、持有 20%以上发行人股份的股东信息；（3）经营状况及未来经营计划；（4）发行人财务状况；（5）发行人募投项目及拟募集资金总额；（6）募集期限；（7）证券价格及定价方法；（8）发行人股权架构。笔者认为其难以达到降低发行成本与适度信息披露间的平衡。

信息披露成本是发行人发行费用的重要组成部分，过多的信息披露导致筹资成本过高，降低公司产品市场竞争力，过少的信息披露则导致公司透明度不足，降低投资者信任度，长期来看将提高融资成本。《初创期企业推动法案》对符合条件的众筹证券提供了注册豁免，相当程度上降低了发行人制作注册材料和审计的费用，减轻了发行人负担。但美国《众筹规则》将信息披露区分为发行前的披露和发行后的持续信息披露，要求发行人对财务状况、过去 3 年股权众筹或以其他方式发行证券的情况进行披露。除了因发行数额不同对财务信息要求不同外，注册豁免并不减少披露义务，据统计，筹资额低于 50 万美元的发行，需要披露的财务及非财务信息达到 20 个大类。[1]对于持续信息披露,《众筹规则》要求发行人向 SEC 及投资者披露按照美国公认会计准则编制的财务会计报告。《众筹规则》对不同筹资额度设定了不同的会计审查标准。发行人筹资额小于等于 10 万美元,财务会计报告只需公司总经理签字确认并保证其真实、完整即可;筹资额为 10 万~50 万美元,财务会计报告需由独立注册会计师审查;筹资额为 50 万~100 万美元,则必须经独立注册会计师审计。因此,有学者对众筹融资降低发行费用提出质疑,认为《初创期企业推动法案》及其配套规则并不能起到平衡降低发行成本与适度信息披露的作用。[2]

2. 中介机构信息披露义务

《众筹规则》规定,根据《1933 年证券法》第 4 (a)(6)条所发行和销售的证券必须通过经纪商或符合《1933 年证券法》第 4A (a)条的筹资门户进行。因此,从事众筹证券行业的中介机构必须向 SEC、全国证券业协会注册成为经纪商或筹资门户,同时要求经纪商或筹资门户成为美国金融业监管局(Financial Industry Regulatory Authority, FINRA)的成员。如果众筹平台注册为经纪商,并成为全国证券业协会的会员从事《1933 年证券法》第 4 (a)(6)条规定的众筹中介业务,根据 SEC 估算,注册及维持会员资格的成本约为 275 000 美元,其初始合规成本约为 245 000 美元,另外每年还需要支付约 180 000 美元的合规费用。而注册成为筹资门户的成本显然更低,其初始注册成本约为 100 000 美元,每年的合规成本以及会员维持费用约为 10 000 美元。[3]虽然成为经纪商的费用昂贵,但好处也非常明显,经纪商可依据第 4(a)(6)条提供全方位的经纪服务,其中包括提供投资咨询和建议、征集投资者、管理和处理客户资金和证券,而这些服务是筹资门户所不能提供的。

---

[1] Rutheford B Campbell, Jr, Spears-Gilbert Professor of Law, "Re: Rulemaking under Title III of the Jobs Act", http://www.sec.gov/comments/s7-09-13/s70913-278.pdf, last visited Jan. 9, 2019.

[2] C. Steven Bradford, "Crowdfunding and The Federal Securities Laws", *Columbia Business Law Review*, Rev1, 2012, p. 109.

[3] See, CROWDFUNDING, 7 CFR Parts 200, 227, 232, 239, 240 and 249, [Release Nos. 33-9470; 34-70741; File No. S7-09-13] RIN 3235-AL37.

虽然经纪商和筹资门户为客户提供的服务有所不同，但都必须遵守中介机构关于信息披露方面的强制性义务。一是，中介机构及其工作人员于投资者在其平台注册开立账户并同意电子数据交换后方可接受投资承诺，这项要求主要是为了确保投资者的基本信息登记在案。二是，中介机构有义务披露与众筹证券投资相关的风险和其他投资者教育资料，包括发行操作流程以及众筹投资风险。投资者教育将有助于投资者意识到与众筹证券相关的限制和风险。这些知识将有助于投资者知晓发行合同的特点以及在何种情况下他们可以获得补偿。这也有助于确保众筹证券的发行和销售更有效地进行。三是，要求中介机构提供交流渠道以公开发行人提供的信息。中介机构必须建立和维护信息披露系统，使投资者和潜在投资者很容易获得发行人信息，以便于他们更好地作出投资决策。信息公开有利于消除发行人与投资者之间的信息不对称，增强市场的透明度和效率。四是，中介机构应提供沟通平台，实现投资者和发行人的互动和交流。对于没有在中介机构开立投资账户的人而言，也可通过平台观看发行人的发行过程。在中介机构平台上提供交流和公开浏览渠道，方便不熟悉社交媒体的用户更好地参与项目，减少外部搜索的成本并提升众筹证券发行人及中介机构的透明度。五是，中介机构收到来自投资者的投资承诺后，应及时向投资者发出确认通知，并提供撤回投资承诺的机会。虽然这并不是法定要求，但 SEC 认为投资者将受益于这些要求，因为这将促使中介机构为投资者评估投资决策、决定是否转售所持众筹证券提供必要的信息。六是，投资者在发行截止日前 48 小时内有权撤销投资承诺，如果在预定发行截止日之前募集资金超过目标融资额，则允许提前结束发行，但中介机构必须向投资者发出通知，明确预告发行截止日及撤销投资承诺的机会。七是，中介机构应披露因推荐众筹证券从发行人处取得报酬的情况，同时要求在中介机构平台上作出推荐留言的用户或投资者必须披露其是否获得了发行人提供的利益补偿。[1]

---

〔1〕 See, CROWDFUNDING, 7 CFR Parts 200, 227, 232, 239, 240 and 249,〔Release Nos. 33-9470; 34-70741; File No. S7-09-13〕RIN 3235-AL37.

（二）SEC 对于众筹证券信息披露的成本分析

虽然《初创期企业推动法案》没有明确规定发行人提交信息披露材料的种类和格式，但《众筹规则》第 203 条仍对此施加了具体要求。

根据《1933 年证券法》第 4（a）（6）条以及第 4A 条发行的证券都必须通过电子化数据收集、分析及检索系统（EDGAR）向 SEC 报送 C 表格（Form C），以供投资者、中介机构及潜在投资者参考。C 表格即招股说明书表格，要求发行人填写如下信息：发行人名称、公司地址、网址；向 SEC 提交文件的编号、参与发行的中介机构的 CRD 编号[1]（如适用）；支付给中介机构的费用，包括推荐费用和与本次发行有关的其他费用；已发行证券的种类及数量；发行价格；目标发行量和最大发行量（如果不同于目标发行量）；是否接受超额认购选择权，如果接受，如何分配；目标发行额的截止日期；员工数量；发行前两个会计年度的规定财务数据（包括总资产、现金及现金等价物、应收账款、短期债务、长期债务、收入/销售、销售成本、上缴税金和净收入）。

C-U 表格即进度更新报告表格，在募集金额达到目标发行额的 50%及 100%之后的 5 个工作日内，发行人通过电子化数据收集、分析及检索系统向 SEC 报送，以供投资者、中介机构及潜在投资者参考。如果发行人决定接受超过目标发行量的募集资金时，必须在不迟于目标发行额的截止日期后 5 个工作日内通过电子化数据收集、分析及检索系统向 SEC 报送记载最终发行数量的 C-U 表格，以供投资者、中介机构及潜在投资者参考。

C-AR 表格即年报表格，根据《1933 年证券法》第 4（a）（6）条以及第 4A 条发行的证券都必须通过电子化数据收集、分析及检索系统向

---

〔1〕 The Central Registration Depository（CRD）is a computerized database that contains information about most brokers, their representatives, and the firms they work for. For instance, you can find out if brokers are properly licensed in your state and if they have had disciplinary problems with regulators or received serious complaints from investors. You'll also find information about the brokers' educational backgrounds and where they've worked before their current jobs. 中央登记存管处是一个信息化的数据库，其中包含有关大多数经纪人及其代表以及配套机构的信息。例如，您可以了解经纪人是否在您所在的州获得了相应的资质，该经纪人是否因违规受到过投资者的投诉。您也可以了解经纪人的教育背景以及他们的工作经历。

SEC 报送 C-AR 表格，该表格每年提交一次，最迟不超过每一会计年度结束之日起 120 日。C-AR 表格应包括如下信息：发行人名称、公司地址、网址、员工数量；发行前两个会计年度的规定财务数据（包括总资产、现金及现金等价物、应收账款、短期债务、长期债务、收入/销售、销售成本、上缴税金和净收入）。

C-TR 表格即终止报告表格。该表格于发行人信息披露义务终止时提交 SEC 并告知投资者。

由于相关数据较少，成本难以精确计量，但 SEC 仍然对发行人履行信息披露义务的成本进行了预估。众筹证券发行成本统计表如表 2.1 所示。

表 2.1 众筹证券发行成本统计表

项目	发行额≤10 万美元	10 万美元<发行额≤50 万美元	发行额>50 万美元
支付给中介机构的费用	2500~7500	15 000~45 000	37 500~112 500
发行人取得电子化数据收集、分析及检索系统账号的成本	60	60	60
发行人为每次发行准备、提交 C 表格的成本	6000	6000	6000
发行人准备、提交 C-U 表格的成本	400	400	400
发行人准备、提交 C-AR 表格的成本	4000	4000	4000
发行人每年财务报告审计成本	不要求	14 350	28 700
发行人准备、提交 C-TR 表格的成本	600	600	600

资料来源：SEC。

《众筹规则》关于发行人信息披露的要求旨在减少目前普遍存在的初创企业与潜在投资者信息不对称的问题。初创企业对于信息披露成本的高度敏感性导致其不能像上市公司那样频繁的披露信息。此外，与上市公司相比，初创企业大多不需要聘请独立第三方验证其所披露信息的真实性和准确性。当有关公司信息很难获得，或信息质量无法确定时，投资者作出任何投资决策都面临较大风险。一方面，众筹证券在信息披露方面的风险性使得潜在投资者将投资对象转向银行理财产品、风险投资以及天使投资。另一方面，已经投资于众筹证券的普通投资者，由于缺乏获取发行人信息的渠道，无法有效监督发行人的经营行为，很可能抛弃众筹证券市场，转而投资于准入门槛更高、监管更严的其他市场。《众筹规则》规范发行人的信息披露行为有利于：（1）投资者可通过定期、持续的信息披露持续了解、评估发行人经营情况，重要信息披露材料的表格化，使得投资者能够更直观、更有效地阅读、分析、比较和决策；（2）详实的财务信息披露要求帮助投资者、分析师们更清楚地了解发行人的资本构成，对比发行人历次证券发行情况更有利于对其定价和风险的理性评估；（3）通过阅读 C 表格、C–U 表格、C–AR 表格，投资者和潜在投资者可以了解有关行业的消费趋势及新产品的市场信息。虽然好处较多，但随之而来也带来不少问题，如增加了发行人信息披露成本、初创企业披露的大量商业秘密可能被竞争者利用等。

二、规制路径：强制与自愿并举

（一）众筹证券发行信息披露成本收益分析

信息披露是有成本的，不同的信息披露要求对成本将造成较大影响。有效市场理论认为，有效证券市场中的证券价格能及时将市场信息内在化，而事实上，内在化过程相当复杂，当内在化成本过高时，证券市场价格形成机制是低效的。信息披露的成本存在于信息制作、发布、消化、吸收四个环节。有学者认为，根据信息披露成本产生的过程，信息成本可分为三类：一是获取信息的成本，对信息的制作者而言，获取信息的成本为制作、加工信息成本，对信息的接收者而言，获取信息的成本来自于寻找可靠的获取信息渠道的成本；二是处理信息的成本，信息的制作者和接收者都需要评价、分析信息，由此产生的费用就是处理信息的成本；三是验证信息的成本，信息的真实性、可靠性、完整性需要制作者和接收者进行验证，由此产生的调查、评估费用即为验证信息的成本。因此，当信息披露成本客观存在时，信息披露并不是越多越好。信息披露的数量应当与信息披露成本相适应，如果发行人因信息披露付出的成本高于给自己带来的利益，则是不经济的，此种制度安排也是低效率的。众筹证券发行人及平台的信息披露制度更应该考虑信息成本，因为与证券交易所、全国中小企业股份转让系统、地方柜台市场相比，众筹市场是一个组织程度较低的市场，且发行人的规模更小、实力更弱，因此，对信息成本更为敏感。如果一味强调强制信息披露义务，将有可能使整个众筹市场的收益低于成本，并导致市场萎缩。

（二）众筹信息披露主体、对象及市场特征分析

众筹证券发行信息披露的第一责任人——发行人，具有规模小、抗风险能力弱的特征，因而对于信息披露成本的敏感性会更强，在信息披露投入方面积极性不高；众筹证券发行信息披露的对象在投资风格上可能更偏向于成长型，对于风险的接受度高于普通证券投资者，他们更加依赖投资经验，对信息披露的依赖性并不十分强烈；目前的众筹证券市场尚处于自律管理阶段，规范性不强，对于信息披露的要求并不严格。

1. 信息披露主体规模较小

处于初创期的众筹证券发行人普遍规模较小、组织结构比较简单、抗风险能力弱，因此，对信息披露的成本也更加敏感。在面对繁重的信息披露义务时，小公司往往会表现得"更不情愿"。大公司的发行规模通常较大，对发行成本的敏感性相对较弱。如果由于信息披露增加发行人的透明度从而能够增强投资者信心的话，那么，大公司由于股价高、发行规模更大，无疑将比小公司享受到更多信息披露带来的融资收益，这也会使大公司更愿意信息披露。

2. 投资者对风险的接受度较高

不同投资者的风险偏好是不同的，偏向于更高收益的投资者通常甘愿冒着投资失败的风险去追求更大的利润。因此，在投资品种的选择上，他们会更倾向于收益更高但风险更大的产品。与此相反，偏向于低收益的投资者多厌恶风险，他们会选择低收益、低风险的投资品种来保证自身资金安全，同时，采用分散投资的方法降低非系统性风险。众筹证券交易市场不同于普通证券交易市场，由于发行人多为初创企业，且众筹证券市场的规范性远低于普通证券市场，因此，众筹证券投资者需要具备更多的投资经验与更高的投资技巧，这会令投资者们更倾向于投资更高回报、更高风险的企业。通常，对风险具有较高接受度、投资经验较为丰富的投资者群体对市场信息的依赖程度并没有一般公众投资者那么强。

3. 市场以自律管理为主

与高度规范化的证券交易所相比，众筹证券市场具有零散、自发的特征。一般由证券行业协会负责管理，制定自律规则，由众筹平台负责监督公司信息披露义务的履行。从总体上看，众筹证券发行人的信息披露义务应当低于上市公司以及非上市公众公司，要求众筹证券发行人像上市公司那样严格履行信息披露义务是不必要的，也是不效率的。美国证券交易商协会要求所有美国场外柜台教育系统（Over the Counter Bulletin Board, OTCBB）市场上的挂牌公司必须履行《1934 年证券交易法》的强制披露义务而导致 74% 的公司选择退出该市场或转变为封闭公司，就是过于严密的强制信息披露义务导致市场萎缩的典型案例。[1]因此，与众筹证券市场相适应的，应当是比上市公司、非上市公众公司更低的信息披露义务。法律在众筹证券信息披露方面可规定信息披露的最低标准，给初创企业以充分的自由，市场作为主要的管理者，应设计高效的信息披露激励机制鼓励自愿披露。众筹平台应充分履行监督职能，建立投资者信心。

（三）我国众筹证券市场信息披露规制路径选择

关于证券市场强化监管还是弱化监管这一问题的争论由来已久，其背

---

〔1〕 参见姚晋升："非上市公众公司信息披露制度研究"，中国政法大学 2009 年硕士学位论文。

后隐藏的是自由放任经济理论和国家干预经济理论的激烈争论。事实上，没有国家在证券市场监管问题上会实行绝对的自由主义和完全的国家干预，监管者一直都小心翼翼地在两者之间寻找平衡。对于新兴的众筹证券市场也一样，如何平衡维护市场的自由竞争、推动市场发展与有效克服信息失灵之间的关系一直困扰着监管者。防范"不管就乱"和"一管就死"，是监管层面对互联网金融浪潮澎湃而来时最关心的问题。在众筹证券市场信息披露规制路径的选择上也应当避免"过度监管"和"过度放任"。一方面，应制定规则要求发行人按照规定格式披露初创企业的关键信息，如历史沿革、股权架构、公司制度、财务状况等；另一方面，应考虑到众筹证券发行人具有规模小、抗风险能力弱、对信息披露成本的敏感性强的特征，允许发行人自愿选择是否披露非关键信息。强制披露与自愿披露并举，一方面有利于克服众筹证券市场信息不对称的缺陷，保护投资者；另一方面也有利于初创企业节约信息披露成本，促进企业发展。

第三章

众筹证券转售制度构建

证券是用来证明证券持有人有权取得相应权益的凭证，因此，流通性是其基本特征与属性。不论证券种类如何，都必须通过流通性体现其收益性，因为只有通过流通，证券才具有较强的变现能力，而只有通过变现，投资者才能实现收益。证券的流通，根据证券性质不同可分为证券交易（Transaction）和证券转售（Resale）。针对公募证券的是证券交易，针对私募证券的是证券转售。虽然称谓不同，但二者本质一样，[1]都是依照一定的交易规则将证券转让给其他投资者。对众筹证券来说，由于其发行环节的特殊性，决定了其在转让时间、转让对象等方面必然受到限制，买卖双方需要遵守相关法律、法规及监管规则。

第一节　众筹证券转售分析

一、证券交易制度基本理论

证券交易是指证券持有人按照一定的证券交易规则将证券转让给其他投资者的法律行为。在证券市场上最为频繁、活跃和风险集中的就是证券交易行为。证券交易与证券发行有着密切联系，共同形成了证券交易的"一级市场"和"二级市场"。证券的生命力在于其具有可变现能力，证券交易对证券市场的发展意义重大，如果缺乏证券交易市场，证券在发行后

---

〔1〕　参见杨柏国："中国私募证券法律规制研究"，华东政法大学 2011 年博士学位论文。

就不能交易与变现，投资者就会丧失认购的积极性，最终导致证券市场的萎缩。

（一）证券交易的主体和客体

狭义的证券交易主体，是指证券交易的合格投资者。一般而言，是指证券交易法律关系双方当事人必须具备相应的民事行为能力。因为证券交易涉及重大经济利益的转移，对当事人双方的利益影响较大，这就要求当事人双方必须对证券交易行为的性质及其后果有明确的认识和预测，所以证券交易双方当事人应当具有完全民事行为能力。限制行为能力人和无行为能力人不适合参与有偿证券交易。根据我国《民法典》第 143 条规定，证券交易行为人应具有相应的民事行为能力，意思表示真实且不得违反法律、行政法规的强制性规定，不违背公序良俗。广义的证券交易主体，是指可以参与证券交易的个人或机构，不仅包括证券的买方和卖方，还包括为证券交易提供服务的中介机构，如证券登记结算机构、证券公司等。我国《证券法》第 40 条第 1 款规定，证券交易场所、证券公司和证券登记结算机构的从业人员，证券监督管理机构的工作人员以及法律、行政法规规定禁止参与股票交易的其他人员，在任期或者法定限期内，不得直接或者以化名、借他人名义持有、买卖股票。或者其他具有股权性质的证券，也不得收受他人赠送的股票或者其他具有股权性质的证券。

随着证券市场的不断发展，证券及衍生品交易种类日益繁多。2012 年 12 月 30 日，中国证券业协会发布实施了《证券公司投资者适当性制度指引》，这是我国首次将散见于创业板市场、融资融券市场、股指期货市场、中小企业私募债、质押式回购的投资者适当性管理规则统一于一个规范性文件中，具有重要意义。2017 年，中国证券业协会发布《证券经营机构投资者适当性管理实施指引（试行）》对机构及普通投资者的风险承受能力等级与产品或服务的风险等级适当性进行匹配。C1 级投资者匹配 R1 级的产品或服务。C2 级投资者匹配 R2、R1 级的产品或服务。以此类推，C5 级投资者匹配 R5、R4、R3、R2、R1 级的产品或服务。同时，还建立健全了证券经营机构对投资者的回访制度，要求证券经营机构每年抽取不低于上一年度末购买产品或接受服务的投资者总数的 10% 进行回访。

创业板投资者适当性管理制度首先要求证券公司建立相应的工作机制、业务流程，了解客户身份、财产情况、收入状况、证券投资经验、风险偏好等信息，根据客户资金规模、交易活跃度、异常交易行为等施行分类管理。其次，证券公司应充分提示投资者审慎评估其参与创业板市场的适当性。投资者申请开通创业板市场交易时，证券公司应当区分投资者的不同情况，向投资者充分揭示市场风险，并在营业场所现场与投资者书面签订《创业板投资风险揭示书》，明确规定参与创业板市场投资的自然人必须具备两年（含）以上股票交易经验，否则，应作出特别声明。再次，证券公司应按照中国证监会、深圳证券交易所和中国证券业协会的有关规定和要求，结合创业板市场特点，制定有针对性的投资者教育计划、工作制度和流程，明确投资者教育的内容、形式和经费预算，并完善客户纠纷处理机制，明确负责处理投资者参与创业板市场所产生的投诉等事项的部门和岗位，及时化解相关矛盾、纠纷。

"新三板"市场明确规定，主办券商代理投资者买卖挂牌公司股票前，应当充分了解投资者的身份、财务状况、证券投资经验等情况，评估投资者的风险承受能力和风险识别能力。只有满足本人名下前一交易日日终证券类资产市值 500 万元以上且具有两年以上证券投资经验，或具有会计、金融、投资、财经等相关专业背景或培训经历的个人投资者以及注册资本在 500 万元以上的机构投资者可参与挂牌公司股票公开转让。主办券商应向投资者充分揭示投资风险，并妥善保管投资者的档案资料、业务办理、投资者服务过程中风险揭示的语音或影像留痕并指定专门部门受理投诉，妥善处理与投资者的矛盾和纠纷。

证券交易的客体即交易对象。按照《证券法》规定，交易品种包括股票、公司债券、存托凭证、政府债券、基金证券和国务院依法认定的其他证券。股票交易包括上市交易和柜台交易。债券可分为政府债券、金融债券和公司债券，不同的债券在不同的市场交易，具有不同的交易规则。基金交易是指以基金为对象进行的流通转让活动，封闭式基金和开放式基金各自有不同的交易规则。[1]金融衍生工具是指与基础金融产品相对应的、价格取决于基础金融产品变动的派生金融产品。

（二）证券交易的规则

证券交易除了应当遵循《证券法》的基本原则外，还应当遵循其特有规则。

1. 不得买卖非依法发行的证券

《证券法》第35条规定："证券交易当事人依法买卖的证券，必须是依法发行并交付的证券。非依法发行的证券，不得买卖。"这是现行法律中对交易证券合法性规则的规定。如果允许非依法发行的证券买卖，整个证券市场将无秩序可言。通过分析可知，合法证券必须满足以下要件：一是，该证券必须依法发行。即证券发行必须符合《公司法》《证券法》等相关法律、法规规定的发行条件和程序，不符合条件和程序的发行是非法发行，所发行的证券属非法证券，不得买卖。二是，该证券必须已经依法交付给投资者。证券交易的前提是证券转让人必须对所转让的证券具有所有权或处分权，在依法交付投资者之前，投资者不享有所有权和处分权，也就无法决定该证券的转让。这里的交付是法律意义上的，是指证券所有权的转移，并非仅指证券本身的转移，在证券交易无纸化的当下，证券交付通过簿记完成。

2. 锁定期内不得转让被锁定证券

《证券法》第36条规定，依法发行的证券，《公司法》及其他法律对其转让期限有限制性规定的，在限定的期限内不得转让。这是对以下几种存在锁定期的证券交易的限制性规定：

一是，发起人股份转让的限制。《公司法》第141条第1款规定："发

---

〔1〕 开放式基金具有法定的可赎回性。投资者可以在首次发行结束一段时间后，随时提出赎回申请。而封闭式基金在封闭期间不能赎回，挂牌上市的基金可以通过证券交易所进行转让交易，份额保持不变。封闭式基金成立后，基金管理人可以申请其基金在证券交易所上市。如果获得批准，投资者可以在证券交易所市场上买卖基金份额。对于开放式基金而言，有非上市的开放式基金和上市的开放式基金之分。如果是非上市的开放式基金，投资者可以进行基金份额的申购和赎回。如果是上市的开放式基金，则除了申购和赎回外，投资者还可以在证券交易所买卖。

起人持有的本公司股份，自公司成立之日起一年内不得转让。公司公开发行股份前已发行的股份，自公司股票在证券交易所上市交易之日起一年内不得转让。"通过对发起人股份转让的限制，可以防止发起人利用发行股票进行"圈钱"，将发起人的利益与公司利益结为一体，有利于督促发起人勤勉尽责。

二是，公司董事、监事、高级管理人员任职期间股份转让的限制。《公司法》第141条第2款规定："公司董事、监事、高级管理人员应当向公司申报所持有的本公司的股份及其变动情况，在任职期间每年转让的股份不得超过所其持有本公司股份总数的百分之二十五；所持本公司股份自公司股票上市交易之日起一年内不得转让。上述人员离职后半年内，不得转让其所持有的本公司股份。公司章程可以对公司董事、监事、高级管理人员转让其所持有的本公司股份作出其他限制性规定。"公司董事、监事、高级管理人员，通常先于其他普通股东获知公司重大事项，规定其在任职期间有限制地转让所持有的本公司股票，可以防止公司董事、监事、高级管理人员利用内幕信息从事非法交易。

三是，股东转让股票的限制。《证券法》第44条第1款规定："上市公司、股票在国务院批准的其他全国性证券交易场所交易的公司持有百分之五以上股份的股东、董事、监事、高级管理人员，将其持有的该公司的股票或者其他具有股权性质的证券在买入后六个月内卖出，或者在卖出后六个月内又买入，由此所得收益归该公司所有，公司董事会应当收回其所得收益。但是，证券公司因购入包销售后剩余股票而持有百分之五以上股份，以及有国务院证券监督管理机构规定的其他情形的除外。"依据规定，股东违反上述规定产生的收益归公司所有，公司享有"归入权"。

3. 限制证券从业人员买卖股票

《证券法》有多个条文对证券从业人员买卖股票作出了限制性规定，这些证券从业人员主要包括：一是，证券交易场所、证券公司和证券登记结算机构的从业人员，证券监督管理机构的工作人员以及法律、行政法规规定禁止参与股票交易的其他人员；二是，为股票发行出具审计报告、资产评估报告或者法律意见书等文件的证券服务机构和人员；三是，为上市公司出具审计报告、资产评估报告或者法律意见书等文件的专业机构和人员。

4. 遵循规定交易方式

《证券法》第38条规定："证券在证券交易所上市交易，应当采用公开的集中交易方式或者国务院证券监督管理机构批准的其他方式。"交易所场内交易应采取包括集中竞价在内的集中交易方式，场外交易按经批准的其他方式进行。

5. 证券交易应当合理收费

《证券法》第43条规定："证券交易的收费必须合理，并公开收费项目、收费标准和管理办法。"证券交易费用是指证券交易当事人应当缴纳的除税收以外的各项费用。目前，我国证券交易费用主要包括以下三项：(1) 发行公司需支付的上市费用；(2) 投资者需支付的佣金、开户费、委托手续费等；(3) 券商需支付的入场费，即进入证券交易所从事自营或代理买卖业务应向证券交易所支付的有关费用。由于证券交易的收费直接影响到证券交易人的投资成本，交易费用过高或者过低，都不利于促进证券市场的发展。因此，证券交易所、证券公司不得在法律规定以外收取任何费用。

二、众筹证券转售限制之必要性

转售是指通过众筹发行的证券在二级市场上的转让行为。[1]由于众筹证券发行人多为初创企业，具有规模小、组织结构简单、规范运作程度低、财务管理规范性不高、盈利能力尚未显现的特点。在此情况下，为了保护投资者利益，证券立法应禁止众筹证券的转让。但是，一旦禁止众筹证券的转售，使众筹证券无法流通和变现，便将直接扼杀众筹证券在中国

---

〔1〕 参见叶向荣、贾翱："论我国私募证券转售制度的完善"，载《证券市场导报》2010年第6期。

的发展。因此，限制众筹证券转售很有必要。

首先，在形式上，如果通过众筹发行取得证券的投资者取得证券以后再通过转售的方式将证券转让给普通公众投资者，那么，在形式上和效果上，这种转售行为与公开发行无异。发行人可通过众筹发行，然后再由投资者转售给不特定公众的方式完成公开发行，这既规避了《证券法》的公开发行要求和信息披露要求，又规避了监管机构针对公开发行所进行的严格监管。同时，众筹证券发行时的投资者也可通过转售摇身一变成为"承销商"，有关众筹证券发行对象的人数限制、资格限制、发行方式限制将在很大程度上归于无效，成为一纸空文。

其次，在实质上，众筹证券的投资者需要满足法律法规关于合格投资者的规定后方可投资于众筹证券市场。也就是说，众筹证券市场的投资者应当是能够充分获取发行人信息并正确判断、理性作出投资决策并能够承担投资风险的理性经济人。因而，丰富的投资知识、对发行人所处行业的深刻了解、对发行人前景较为准确的判断、成熟的投资经验必不可少。但是，众筹证券转售的受让人是否具有上述能力并能够自我保护却并非当然，立法者对此有必要加以研究、判断，从而进行有效的监管，以防社会公众因此受到损失。[1]

最后，在实践中，众筹证券的转售可能会引发纠纷，侵害普通公众投资者利益。由于众筹证券行业目前正处于起步阶段，法律规制尚不完善、许多问题尚未暴露。根据《私募股权众筹融资管理办法（试行）》（征求意见稿）第 12 条规定："融资者不得公开或采用变相公开方式发行证券，不得向不特定对象发行证券。融资完成后，融资者或融资者发起设立的融资企业的股东人数累计不得超过 200 人。法律法规另有规定的，从其规定。"将股权众筹发行方式界定为非公开发行，也就是私募发行。实践中，由于私募证券的转售引发争议的事件屡见不鲜，多次引起诉讼。2007 年，陕西杨凌科元克隆股份有限公司股东孙某某将其持有的私募股权转让给秦

---

〔1〕　参见叶向荣、贾翱："论我国私募证券转售制度的完善"，载《证券市场导报》2010 年第 6 期。

某某，引发诉讼争议。庭审中，证人证言说明有多人同时在销售孙某某所持股票，并且通过中介机构向社会不特定对象转让股份。[1]

因此，如果仅仅对众筹证券的发行环节进行规制，而缺乏对转售环节的关注，那么，规制发行环节的目的也将无法实现。所以，在制定严格发行规则的同时，也应建立众筹证券转售规则。

第二节　美国众筹证券转售制度及立法思路

《1933 年证券法》第 4A（e）条对众筹证券的转售作了限制，规定根据《1933 年证券法》第 4（a）（6）条所发行的证券，投资者在认购后一年内不得转让，但以下情形除外：（1）发行人回购证券；（2）受让人为合格投资者；（3）已向 SEC 注册；（4）受让人为其家庭成员或类似亲属；（5）因婚姻、继承导致取得众筹证券所有权。《1933 年证券法》第 4A（e）条进一步规定，SEC 可以对依据《1933 年证券法》第 4（a）（6）条发行证券的转售进一步增加限制性规定。

该规则对众筹证券设定了一年的限售期，限售期内，如果转售证券，受让人必须是证券发行人、合格投资者或出让人近亲属，如果限售期内需向合格受让人之外的机构或个人转让该众筹证券，则必须履行注册义务。该转售规则综合体现了美国转售制度规定证券限售期、限定证券受让人以及转售方式的立法思路。

一、对转售出让人的限制

对转售出让人的限制主要体现在美国《1933 年证券法》第 4（a）（1）（2）条和《D 规则》第 506 条中。

《1933 年证券法》第 4（a）（1）条规定，"除了发行人、承销商或交

---

〔1〕 "咸阳直击原始股涉嫌非法转让终审第一案"，载 http://finance.sina.com.cn/stock/y/20080430/00374820361.shtml，最后访问时间：2019 年 12 月 1 日。

易商以外的任何人进行的交易豁免注册"。[1]因此，在证券交易中，判定转售出让人是否为"承销商"显得极为重要，这决定了出让人是否有必要向 SEC 履行注册手续。根据该法第 2 条规定，[2]承销商包括以下几类：一是，为分销证券从发行人处取得证券的人；二是，直接或间接参与发行、承销的人；三是，参与直接或间接销售的人。可见，美国证券法上关于承销商的定义相当广泛，如果个人投资者由于转售行为成为证券从发行人通往公众的交易链条中的一环，形式上类似于参与"分销"，那么，也可能被认为是承销商。因而，判定是否为分销证券，从发行人处取得证券的目的显得尤为关键。SEC 在判定出让人是否具有分销目的时，形成了两个判断标准：一是证券持有期限；二是转售是否由于存在不可预见的情势变更。[3]但这两个标准都相当主观，也不利于监管者和法院作出判断。

《1933 年证券法》第 4（a）（2）条规定，非公开发行证券被转售时，必须进行注册或取得其他豁免，[4]《D 规则》第 506 条规定私募发行取得的证券，不得在未经注册或未取得其他豁免的情况下被转售。该规则为发行人私募发行设置了安全港，如果发行行为满足《D 规则》要求，则可豁免其交易注册。这些要求主要集中在《D 规则》第 502 条中。首先，要求发行人在发行过程中通过充分调查以确定投资者不是以将证券转售他人为目的而取得证券；其次，在销售前向购买者书面披露其发行的证券尚未完成交易注册或取得相应豁免，提请购买者注意，在取得注册或豁免之前该证券不得被转售；最后，在股票上用图标的方式注明该证券尚未进行交易注册，并被限制转售。[5]同时，发行人会要求私募证券的购买人在取得证

---

〔1〕 美国《1933 年证券法》第 4（a）（1）条规定，The provisions of section 5 shall not apply to— （1） transactions by any person other than an issuer, under-writer, or dealer。第 5 款规定还适用于以下情形：发行人、承销商、经纪人之外的任何人的转售。

〔2〕 美国《1933 年证券法》第 2（a）（11）条。

〔3〕 See, SEC Securities Act Release 5223 (1972).

〔4〕 美国《1933 年证券法》第 4（a）（2）条规定，The provisions of section 5 shall not apply to— （2） transactions by an issuer not involving any public offering。第 5 款的规定不适用于以下情形：发行人在公开发行的转售。

〔5〕 Regulation D, Rule 502 (d).

券时签署声明文件，确认其并无转售意图。[1]对转售出让人进行限制的目的在于，避免投资者以分销证券为目的取得证券。有学者认为，如果购买者在私募发行尚未完成时，将其所认购的证券转让，该转售行为将构成发行环节中的一部分，实际上扮演了承销商的角色，这可能给发行人利用私募发行制度完成公募发行提供了机会，可能对投资者利益造成损害。[2]

二、对转售受让人的限制

在对转售出让人进行严格规制的同时，对转售受让人也需要加以限制。原因在于，之所以制定转售规则，主要是为防止发行人利用私募制度豁免注册登记以及较低的信息披露标准欺诈普通公众投资者。出发点在于普通公众投资者需要法律给予更加严密的保护。但如果证券的受让人是符合一定条件的"合格投资者"，即掌握一定投资知识、对发行人比较了解、具有丰富投资经验和抗风险能力的机构或个人，那么这种较为严密的保护则显得不那么必要，因为投资者有足够的知识和判断力作出理性的决策，法律也应该允许此种转售。因此，对转售受让人的限制即"合格投资者"的界定成为美国转售制度的另一立法思路。

《D 规则》第 501 条对合格投资者的界定堪称这方面的优秀样本。《D规则》第 501（a）条对"合格投资者"采取列举的方式进行规定，但概括起来可分为三类：专业投资机构、发行人内部人及高净值个人投资者。通过分析以上三种类型的投资者，笔者认为，合格投资者的认定可概括为如下标准：一是经济实力；二是投资经验；三是与发行人的关联关系。经济实力反映了投资者承受风险的能力，投资经验反映了投资者分析市场、分析投资对象及规避风险的能力，关联关系意味着获得发行人信息的渠道多于一般投资者，对发行人经营状况和风险因素有深刻的了解。经济实力、

---

〔1〕 See, Regulation D, Rule 502（b）（2）（vii）.

〔2〕 See, CROWDFUNDING, 7 CFR Parts 200, 227, 232, 239, 240 and 249,〔Release Nos. 33-9470；34-70741；File No. S7-09-13〕RIN 3235-AL37.

投资经验、与发行人的关联关系这三项因素勾勒出从事高风险投资的合格投资者的一般面貌。与《1933 年证券法》新增的第 4（a）（6）条关于众筹证券合格投资者的界定相比，《D 规则》第 501（a）条显得更为完善。仅对参与众筹证券投资的个人设定"在 12 个月内的投资应符合：（1）投资者年收入或资产净值少于 10 万美元的，只能投资 2000 美元或年收入、资产净值的 5%，以高者计；（2）投资者年收入或资产净值超过 10 万美元的，可投资的数额为年收入或资产净值的 10%，但不得超过 10 万美元"的条件并不足以描述众筹证券合格投资者的特征，因为更为关键的因素，如对发行人的了解、投资经验等都没有被提及。

三、对特殊市场的限制

1990 年生效的 144A 规则（Rule 144A）致力于创设一个"非注册证券流动性更好、更有效率的机构转售市场"。[1]该规则颁布实施后，在美国形成了所谓的 144A 规则的交易市场，即 PORTAL 市场。"合格机构购买者"之间不仅能够自由交易依据 144A 规则发行的证券，而且由于 144A 规则没有强行规定持有期，因此，只要 144A 规则规定的持有期（6 个月或 1年）已满，"合格机构购买者"就可以自由地向任何人转让证券。依据 144A 规则转售的证券不能是在全国性交易中心，如纽约证券交易所、纳斯达克以及美国交易商自动报价系统报价转让的证券，但可以是在美国场外柜台交易系统或粉单市场（pink sheets）报价转让的证券。[2]这是为了保证 PORTAL 市场内交易的证券不得与美国境内全国性集中市场或柜台市场交易的证券之间发生重合，强调所售证券的"不可替代性"，其目的是防止出现双重市场架构下的不公平现象。

PORTAL 市场在交易主体、交易客体和交易规则以及信息披露义务等方面都有其自身的特点和优势，但最值得关注的是其电子化、网络化的运

---

[1] Resale of Restricted Securities; Changes to Method of Determining Holding Period of Restricted Securities Under Rule 144 and 145, Securities Act Release No. 6862, 55 Fed. Reg. 17, 933, 934 (Apr. 23, 1990).

[2] 参见杨柏国："中国私募证券法律规制研究"，华东政法大学 2011 年博士学位论文。

营模式。前任 SEC 主席亚瑟·莱维特（Arthur Levitt）在十多年以前就曾断言电子化交易的出现将重新定义 21 世纪的证券市场。PORTAL 市场转向以网络为基础可能才真正是"华尔街数十年来最重要的发展"。[1]2007年，纳斯达克重启 PORTAL 市场后，为全球企业提供了一条更为快捷、便利的融资渠道，[2]使得美国市场对国际发行人更有吸引力。与首次公开募股（Initial Public Offering, IPO）相比，PORTAL 市场所发行、销售的有价证券无需向 SEC 注册且不受《萨班斯—奥克斯利法案》的严苛约束，具有审批时间短、发行成本低的特点。合格机构购买者只需获得一个自身专有密码即可进入受保护的 PORTAL 市场，[3]既可向全体合格机构购买者推送发行信息以促进一级市场的发行又同时实现了发行人所发行证券在 PORTAL 市场二级市场的交易。尽管 PORTAL 市场具有发行和转售的双重功能，但 PORTAL 在线交易系统只适用于转售。此外，PORTAL 市场允许亏损企业通过该平台进行融资。当然，PORTAL 市场也有其局限性。一方面，由于该市场属于私募市场，纳斯达克要求合格机构购买者必须通过"一亿美元检测"，且不受持有期间约束的转售只能在合格机构购买者之间进行。另一方面，由于 PORTAL 市场的挂牌企业质量参差不齐，发行价格通常不高，且私募证券流动性有限，因此，融资能力有限。

美国尚未形成统一的众筹证券交易市场，众筹证券的转让主要在各平台内部进行。众筹行业处于起步阶段，发行人、投资者尚需培育，市场规模较为有限，建立统一市场的时机尚不成熟。但这并不妨碍像高盛、摩根斯坦利等具有强大实力及客户基础的券商以及大型互联网企业尝试建立以

---

〔1〕 Press Release, NASDAQ Stock Market, Inc. , NASDAQ's Electronic Trading Platform for the Rule 144A Private Placement Market Is Approved by the SEC; the PORTAL Market Trading System Will Begin Operating on August 15（Aug. 1, 2007）.

〔2〕 PORTAL 市场所交易的证券均依据 144A 规则发行和转售，144A 规则并不特别要求证券发行人的资格，发行人可以是公司、合伙企业、闭锁公司、上市公司、未上市公司等以及政府法人或非政府法人。所发行的证券可以是债券、权益证券或存托凭证（ADRs），其对发行人的宽松要求为外国公司在美国融资提供了便利。

〔3〕 合格机构购买者不能直接进入 PORTAL 市场报价或下单指令系统，但可以通过一个"密码保护链接"进入 PORTAL 市场查阅报价，并确认其交易商或经纪商执行的交易情况。

自身客户群为基础的小规模、跨区域、统一众筹证券市场。2007 年，高盛开设了未注册股权场外交易市场（Goldman Sachs Tradable Unregistered Equity OTC Market，GSTrUE），就是最好的例子。该交易市场后随同其他类似市场，如 JP 摩根创设的"144A PLUS"，花旗集团、雷曼兄弟控股、美林和摩根斯坦利创设的"Opus-5"，贝尔斯登发起的"Best Market"一并成为纳斯达克旗下 PORTAL 市场的一部分。目前，PORTAL 市场业务发展情况良好。从历史上看，PORTAL 市场中所发行、交易的品种 95% 是债券，仅有 5% 是股权证券。2008 年，该市场股权证券的比例增长了 3 倍，约占整个市场的 15%。债券的发展方面，从 2011 年底私募债券的存量规模来看，未到期债券共计 9827 支，金额达到 30 400 亿美元；其中，144A 债券 7624 支，金额约 28 580 亿美元。从数量上看，144A 债券占据私募债券存量规模的 77.58%，而从金额上占比达 94.04%。144A 债券已占据私募债券的主导地位。[1]

第三节　中国众筹证券转售规制检讨与思考

2014 年 12 月，在股权众筹业务"去向不明"之时，中国证券业协会及时出台监管规则《私募股权众筹融资管理办法（试行）》（征求意见稿）。该征求意见稿作为首个对众筹证券进行规制的文件，对股权众筹的合法合规性予以明确确认。该征求意见稿第 12 条规定："融资者不得公开或采用变相公开方式发行证券，不得向不特定对象发行证券。融资完成后，融资者或融资者发起设立的融资企业的股东人数累计不得超过 200人。法律法规另有规定的，从其规定。"将股权众筹发行方式界定为私募发行，众筹证券的性质也被界定为私募证券。虽然该征求意见稿中没有明确规定众筹证券的转售规则，但第 14 条明确规定，私募股权众筹融资的投资

---

〔1〕 李湛："美国 144A 规则对发展我国中小企业私募债的启示"，载《金融与经济》2012年第 7 期。

者必须符合一定条件[1]，也就是说，不论是众筹证券发行的认购人还是转售的受让人都必须是合格投资者。但仅有此项规定还远远无法满足众筹证券转售的规则需求，而现行私募证券转售制度较为分散，存在转售出让人资格条件规定缺乏弹性、欠缺对转售出让人及受让人的规制、转售监管与救济制度不完善等问题。

一、现行制度梳理

我国《证券法》对于私募证券的规定仅限于第9条中"非公开发行证券，不得采用广告、公开劝诱和变相公开方式"，对于其转售制度更没有涉及。但这并不意味着在私募证券转售领域无法可依。通过观察我国商事法律体系，可以发现，虽然转售规则在《证券法》中没有被提及，但相关法律、法规及有关部门规章针对不同种类私募证券的转售进行了初步规范。

（一）对持有期限的限制

1. 公司内部人私募证券转让限制

根据《公司法》第141条的规定，发起人持有的本公司股份，自公司成立之日起一年内不得转让。公司公开发行股份前已发行的股份，也就是私募发行的股份，自公司股票在证券交易所上市交易之日起一年内不得转让。公司董事、监事、高级管理人员在任职期间每年转让的股份不得超过其所持有本公司股份总数的25%；且所持本公司股份自公司股票上市交易之日起一年内不得转让。上述人员离职后半年内，不得转让其所持有的本公司股份。且公司章程还可以对公司董事、监事、高级管理人员转让其所

---

[1] 私募股权众筹融资的投资者是指符合下列条件之一的单位或个人：（1）《私募投资基金监督管理暂行办法》规定的合格投资者。（2）投资单个融资项目的最低金额不低于100万元的单位或个人。（3）社会保障基金、企业年金等养老基金，慈善基金等社会公益基金，以及依法设立并在中国证券投资基金业协会备案的投资计划。（4）净资产不低于1000万元的单位。（5）金融资产不低于300万元或最近3年个人年均收入不低于50万元的个人。上述个人除能提供相关财产、收入证明外，还应当能辨识、判断和承担相应投资风险；本项所称金融资产包括银行存款、股票、债券、基金份额、资产管理计划、银行理财产品、信托计划、保险产品、期货权益等。（6）中国证券业协会规定的其他投资者。

持的本公司股份作出其他限制性规定。该转售规则的设计体现了持有期限限制和转售比例限制的结合。

2. 上市公司非公开发行股票转售限制

《上市公司证券发行管理办法》第 38 条规定，上市公司非公开发行股票，自发行结束之日起，6 个月内不得转让；控股股东、实际控制人及其控制的企业认购的股份，18 个月内不得转让。《上市公司非公开发行股票实施细则》第 7 条第 2 款进一步规定，上市公司的控股股东、实际控制人或其控制的关联人，通过认购本次发行的股份取得上市公司实际控制权的投资者，董事会拟引入的境内外战略投资者认购的股份自发行结束之日起 18 个月内不得转让。根据私募发行对象的不同对其转售设定的限制期限也有所差异。此种立法思路体现了监管层对于上市公司稳定性和可持续发展的重视。

（二）对转售受让人的限制

1. 信托单位转售限制

《信托公司集合资金信托计划管理办法》第 29 条规定，信托计划存续期间，受益人可以向合格投资者转让其持有的信托单位。信托公司应为受益人办理受益权转让的有关手续。信托受益权进行拆分转让的，受让人不得为自然人。机构所持有的信托受益权，不得向自然人转让或拆分转让。信托单位可以转售，但是机构所持信托单位不得拆分转让，也不得转让给自然人。

2. 证券公司定向发行债券的转售限制

《公司债券发行与交易管理办法》规定，非公开发行的公司债券应当向专业投资者发行，不得采用广告、公开劝诱和变相公开方式，每次发行对象不得超过 200 人。承销机构应当按照中国证监会、证券自律组织规定的投资者适当性制度，了解和评估投资者对非公开发行公司债券的风险识别和承担能力，确认参与非公开发行公司债券认购的投资者为专业投资者，并充分揭示风险。非公开发行公司债券，承销机构应在每次发行完成后 5 个工作日内向中国证券业协会报备。

（三）对特定市场的限制

《商业银行次级债券发行管理办法》规定，次级债券可在全国银行间债券市场公开发行或私募发行。私募发行的次级债券只能在认购人之间进行转让。次级债券的交易按全国银行间债券市场债券交易的有关规定执行。

二、立法反思及制度构想

上述制度勾勒出目前我国有关私募证券转售制度的大体框架。通过观察可以发现，我国私募证券转售制度存在定义不清、分散简陋的问题。

（一）私募证券转售制度定义不清

我国私募证券制度构建起步较晚，立法经验较少，对私募发行制度及转售制度也缺乏明确定义。《证券法》只针对公开发行作了定义，对于非公开发行即私募发行及发行行为的延伸——证券转售制度却没有提及。虽然《公司法》《上市公司证券发行管理办法》《上市公司非公开发行股票实施细则》等法律、法规及部门规章对私募证券的转售提出了具体要求，但仍存在着转售制度定义不清，某些私募证券发行、转售要求与公募证券混同的问题。例如，我国《上市公司非公开发行股票实施细则》第 19 条规定："中国证监会按照《管理办法》规定的程序审核非公开发行股票申请。上市公司收到中国证监会发行审核委员会关于本次发行申请获得通过或未获通过的结果后，应当在次一交易日予以公告，并在公告中说明，公司收到中国证监会作出的予以核准或者不予核准的决定后，将另行公告。"可见，上市公司非公开发行新股仍然需要国务院证券监督管理机构的实质性审查并取得核准批文。这实际上违背了私募证券豁免审批、注册的本质。在转售方面，根据私募发行认购主体的不同，转售的限售期限也有所差别，上市公司的控股股东、实际控制人或其控制的关联人、通过认购本次发行的股份取得上市公司实际控制权的投资者，董事会拟引入的境内外战略投资者转售限制期限为 18 个月，其他认购主体的限售期限为 6 个月。限售期过后，该非公开发行的股票可直接在交易所上市交易。也就是说，该上市公司非公开发行的股票由私募性质变为了公募性质。

（二）私募证券转售限制性条件规定不够细致

根据《公司法》第141条的规定，公司董事、监事、高级管理人员在任职期间每年转让的股份不得超过其所持有本公司股份总数的25%；所持本公司股份自公司股票上市交易之日起一年内不得转让。上述人员离职后半年内，不得转让其所持有的本公司股份。该规定"持有期间"方面限制的时间计算起点只针对上市公司，而对于非上市公司董事、监事、高级管理人员转售持有时间限制的起算点却没有规定。且该条规定，发起人持有的本公司股份，自公司成立之日起一年内不得转让。假设发起人首次出资额低于注册资本，一年后仍未缴足，那么其首次出资取得的股票符合一年的持有期限制，但是否可以合法转让尚存疑问，需要法律的进一步细化以利于解决实践中出现的问题。

（三）缺乏私募证券市场及相关规则

由于私募证券与同一发行人在公开市场发行的公募证券有很大差别，因此，为了避免造成"双层市场并行"所带来的混同和不公平，有必要针对私募证券建立专门的交易市场。当前，我国私募证券种类繁多，同时，法律、法规中缺乏相应的市场规则，容易引发一系列问题，如信息披露缺乏导致的暗箱操作、统计监管不到位引发私募证券转售过剩等。而美国PORTAL市场的建立和运行为我们提供了很好的转售市场参考范本。建立相对闭锁的私募证券转售市场，不仅能够防止出现双层市场，而且建立转售市场规则更有利于私募证券持有人更安全、更快捷地完成变现，有利于证券的流通。同时，转售市场内统一的信息披露制度也有利于受让人清晰地了解转售证券发行人的实际情况、理性评估转售价格、规避投资风险。

（四）私募证券转售监管与救济制度不完善

通过对我国私募证券转售制度的梳理发现，私募证券的转售需要满足一定的限制性条件。例如，转售出让人、受让人的限制性规定，转售限售期的规定，转售市场的限制性规定，但是对转售限制缺乏具体、有效的监管措施。一是，缺乏明确的报告制度和信息披露制度，导致监管机构难以掌握准确的非公开发行证券转售情况；二是，对于转售违法、违规现象缺乏明确的制裁措施和民事救济手段。《证券法》《证券投资基金法》均未规定证监会对私募股权基金的监管权。证监会及其派出机构对私募基金实施行政监管，监管职权主要包括：（1）制定监管规则。对私募基金实行备案制度，包括私募基金管理人、私募基金产品、从业人员的备案制度。（2）实施日常监管，主要通过各地证监局实施检查和监管，包括机构自查、专项检查、年度检查、与地方市场监管机构和地方金融监管局的联合检查等。（3）对私募股权行业进行日常监测。（4）对私募基金行业的违法违规行为实施行政处罚，包括责令改正、监管谈话、出示警示函、公开警告并处3万元以下罚款、暂停或撤销从业人员资格、市场禁入、记入证券期货市场诚信档案等。

通过对我国私募证券转售制度的梳理和分析，可以发现，作为私募证券品种之一的众筹证券，所依托的转售制度基础相当薄弱。有必要在转售合格出让人标准、转售合格受让人标准、转售方式、转售市场、转售市场规则、转售出让人及受让人信息披露、转售证券备案登记、转售违法行为制裁及民事救济措施方面予以具体规定。毕竟，众筹证券市场不同于交易所市场，其交易对象的风险性较大，仅对发行认购人进行限制并不能达到充分保护投资者的目的，在发行后的转售端进行明确规制才能完成众筹证券一、二级市场投资者保护的目标。

第四节　中国众筹证券转售市场的构建

对众筹证券的转售进行规制体现了法律对投资者在交易端——二级市场利益的保护，只有对发行、交易两个环节全面规制才能有效保护众筹证券投资者的合法权益。因此，对于众筹证券转售问题的关注十分必要，应通过借鉴美国众筹证券转售的一般性规定并结合我国众筹证券私募定位的实际，建立中国众筹证券转售制度。

一、中国众筹证券转售制度构建

（一）转售出让方资格限制

对众筹证券转售出让方的资格限制是由众筹证券发行对象的特定性所决定的。一方面，根据《私募股权众筹融资管理办法（试行）》（征求意见稿）第 14 条规定，私募股权众筹融资的投资者包括以下几类：一是，《私募投资基金监督管理暂行办法》规定的合格投资者；二是，投资单个融资项目的最低金额不低于 100 万元的单位或个人；三是，社会保障基金、企业年金等养老基金，慈善基金等社会公益基金，以及依法设立并在中国证券投资基金业协会备案的投资计划；四是，净资产不低于 1000 万元的单位；五是，金融资产不低于 300 万元或最近 3 年个人年均收入不低于 50 万元的个人；六是，中国证券业协会规定的其他投资者。因此，转售出让方必须是上述六类合格投资者之一。另一方面，目前，我国的众筹证券发行属于私募发行，是由发行人针对合格投资者进行的不公开发行证券的行为。为了防止发行人滥用众筹发行豁免，发行人在众筹发行时应合理地确信认购人在认购时是出于投资意图，而不是出于分销意图认购证券。同时，发行人也应采取合理措施使得投资者知悉该证券的转售受到一定限制。否则，众筹发行制度中所规定的合格投资者条件将会变得毫无意义。

（二）转售受让方资格限制

众筹证券发行的特殊性决定了其发行、转售制度的构建必须以保护投资者利益为核心。而众筹证券发行豁免注册使得投资者无法通过其注册程序获得作出投资决策所需信息，因此，众筹证券发行要求认购者符合一定条件，具有收集所需信息并作出合理判断的能力以及承受一定投资风险的能力。如果对于转售受让方没有相同或者近似的限制，那么可能出现的情况是，出让方由众筹证券投资者变为"承销商"，通过向一般公众出售众筹证券达到公开发行的目的，甚至还可能出现出让方将众筹证券拆细后出售给一般公众的情况。因此，对于转售受让方资格进行规制十分必要。首先，受让方资格规制最大限度地保护了后续投资者的利益，对受让方来讲更安全；其次，众筹证券投资者的投资理念、投资经验尚不成熟，其发展与规范还有很长的路要走，在发展初期，建立转售受让方资格限制有利于避免不符合条件的投资者进入市场，同时，也消除了出让方转售证券的不确定性。

（三）持有期间的限制

规定持有期间限制，有利于筛选出真正愿意投资众筹证券的投资者，仅仅为了获得短期利益的投机者一般不会选择不能随时转售、变现的证券。对此，《私募股权众筹融资管理办法（试行）》（征求意见稿）没有规定。笔者认为，对于持有期间的限制可借鉴美国《众筹规则》中一年转售限制期的规定，以此来考察购买者的真实意图。同时，也防止购买人成为发行人的分销商。此项限制也提醒投资者在认购时注意众筹证券的持有期间限制，发行人也应在证券醒目位置标明该证券的性质及限售期限，提醒投资者投资该证券须遵守持有期间限制，不能够立即转售。

二、多层次证券交易市场视角下的众筹证券转售市场建设

据中金公司发布的报告《"新三板"主题系列（1）：你所要知道的"新三板"》，目前，我国多层次证券交易市场大致可以分为四层：第一层是证券交易所市场，截至 2020 年底，A 股上市公司 4140 家，其中 2039 家来自主板，约占上市公司总量的一半；中小板、创业板、科创板分别有上市公司 994 家、892 家、215 家，占上市公司总量的比例分别为 24.01%、21.55%、5.19%。[1]第二层是全国中小企业股份转让系统，即"新三板"市场，截至 2020 年 12 月 31 日，共有 8187 家"新三板"挂牌企业，总市值约 26 542 亿元。[2]第三层是地方的区域性股权交易市场，目前，深圳前海、上海、浙江、广州等地已成立了多家股权交易中心，约有 34 家股权交

---

〔1〕 "2020 年资本市场数据盘点，深沪两市总市值突破 80 万亿"，载 http://www.cannews.com.cn/2021/01/012/99318758.html，最后访问时间：2021 年 6 月 1 日。

〔2〕 "全国中小企业股份转让系统 2020 年市场统计快报"，载 http://www.neeq.com.cn/static/statisticdata.html，最后访问时间：2021 年 6 月 20 日。

易中心在中国证监会备案。[1]第四层是券商柜台交易市场。四层市场中，仅第一层属于场内交易市场，其余全部为场外交易市场。

（一）我国场内场外市场的基本情况

1. 证券交易所市场

我国的证券交易所市场包括 1990 年成立的上海证券交易所和 1991 年成立的深圳证券交易所。两个交易所的服务对象有所差别，上海证券交易所的服务对象主要是大型蓝筹公司，同时，还为协议交易、大宗交易提供通道。深圳证券交易所除主板市场外，还设立了中小板市场和创业板市场。因此，深圳证券交易所内部已形成主板、中小板、创业板三大板块组成的多层次市场。目前，深圳证券交易所的主板和中小板市场在发行条件上趋同，都适用《首发办法》，该办法对于主板和中小板的发行条件要求相同。《首发办法》第 26 条第 1 款规定，"发行人应当符合下列条件：（1）最近 3 个会计年度净利润均为正数且累计超过人民币 3000 万元，净利润以扣除非经常性损益前后较低者为计算依据；（2）最近 3 个会计年度经营活动产生的现金流量净额累计超过人民币 5000 万元；或者最近 3 个会计年度营业收入累计超过人民币 3 亿元；（3）发行前股本总额不少于人民币 3000 万元；（4）最近一期末无形资产（扣除土地使用权、水面养殖权和采矿权等后）占净资产的比例不高于 20%；（5）最近一期末不存在未弥补亏损"。但实际上，主板市场和中小板市场在公司规模、盈利能力、板块构成上都有很大差别。但这并不妨碍中小板在主板制度框架下运行，经过 16 年的发展，中小板上市公司总体不断发展壮大，并于 2021 年 4 月 6 日实现了深圳证券交易所主板与中小板合并，合并后，沪深主板上市公司 3075 家，总市值超过 65 万亿。[2]创业板市场在发行条件上低于主板、中小板市场，但其板块构成与中小板市场十分相似，都是以民营企业为主，

---

[1] "区域股权交易中心和地方金交所，看这一篇就够了"，载 http://www.sohu.com/a/436079955_530597，最后访问时间：2021 年 6 月 1 日。

[2] "深交所主板和中小板合并，沪深主板上市公司 3075 家，总市值超过 65 万亿"，载 http://new.qq.com/omn/20210407/20210407A03XIZ00.html，最后访问时间：2020 年 6 月 2 日。

且涉足新兴产业较多，具有公司规模较小、成长空间较大、业绩波动较大等特点。

2. 全国中小企业股份转让系统

全国中小企业股份转让系统，俗称"新三板"。它起源于 2001 年设立的非上市公司代办股份转让系统，俗称"老三板"。它的设立主要是为了解决主板市场退市公司和 STAQ 系统（全国证券交易自动报价系统）、NET 系统挂牌公司的股份转让问题。2006 年，为改变"老三板"中股票少、公司质量低、投资常年冷落的情况，也为更多高科技成长型企业提供股份流通机会，中关村科技园区提出代办股份转让试点，经国务院批准和中国证监会批复，同意中关村科技园区非上市股份有限公司进入证券公司代办股份转让系统进行试点，"新三板"成立。2009 年，《证券公司代办股份转让系统中关村科技园区非上市股份有限公司股份报价转让试点办法（暂行）》出台，对之前的试点制度进行了调整，2012 年 5 月扩容至四大特区，分别位于北京、上海、武汉和天津。据中金公司发布的报告《"新三板"主体系列（1）：你所知道的"新三板"》，2013 年扩容至全国，截至 2020 年 12 月，共有 8187 家挂牌企业，总市值约26 542 亿元，"新三板"市场已于 2014 年 8 月开启做市商制度，2020 年合计成交量为 260.42 亿股，成交额为 1294.64 亿元，成交笔数为 540.83 万笔，换手率达到 9.9%。[1] 做市商制度给"新三板"带来的不仅是流动性的提升，同样也促进了对企业的价值发现。从交易情况来看，以做市方式转让的公司股价涨跌幅都较为平稳。"新三板"设立的初衷是为高科技中小型成长企业提供股份流转的机会，这一诞生时的特性使得信息技术行业成为"新三板"挂牌企业中占比最高的行业，达到 19.6%。其次是一些技术含量较高的工业制造行业和部分新材料行业。这样的行业结构与中小板、创业板市场非常相似，一定程度上为其"转板"提供了便利。

---

〔1〕 "全国中小企业股份转让系统 2020 年市场统计快报"，载 http://www.neep.com.cn/static/saatisticdata.html，最后访问时间：2021 年 6 月 20 日。

《非上市公众公司监督管理办法》的相关规定，已经为"新三板"公司的"转板"提供了制度上的可能性。[1]

3. 地方区域性股权交易市场

地方区域性股权交易市场主要是指各地人民政府批准设立的产权交易所。

1988年5月，武汉、南京、郑州等地相继成立了产权交易所，随后全国大部分省、市纷纷成立了产权交易机构。进入20世纪90年代后，随着我国现代企业制度改革的深入，产权制度改革成为国有企业改革与发展的重要组成部分，这一时期，在企业产权交易迅猛发展的同时，也出现了一些运作不规范的现象，包括将企业股权拆细后进行连续交易。另外，具体交易过程中，在资格审查、资产评估作价、企业职工安置、债务处理等方面出现了一些混乱，因此，国务院对全国范围内的产权交易所进行了清理整顿，1994年，国务院办公厅发文明令禁止国有企业产权的非法交易，暂停各地新设产权交易市场。1999年，党的十五届四中全会重申了国有企业改革的方向，构建"产权明晰、权责明确、政企分开、管理科学"的现代企业制度，产权交易活动再次进入发展时期。2003年，国务院国有资产监督管理委员会和财政部联合出台的《企业国有产权转让管理暂行办法》，对企业国有产权交易所的发展具有极大的促进作用。目前，全国各类产权交易所共有300余家，[2]交易对象非常广泛，是多层次资本市场重要的组成部分。

4. 券商柜台交易市场

券商柜台交易的产品包括经国家有关部门或其授权机构批准、备案或认可的在集中交易场所之外发行或销售的基础金融产品和金融衍生产品。目前，券商柜台交易市场刚刚起步，但其发展前景值得期待。国际

---

[1]《非上市公众公司监督管理办法》第41条规定："本办法施行前股东人数超过200人的股份有限公司，符合条件的，可以申请在全国股转系统挂牌公开转让股票、首次公开发行并在证券交易所上市。"

[2]"中国有几个产权交易所"，载 http://xw.qq.com/cmsid/20210501A07PBR00，最后访问时间：2021年6月3日。

一流投资银行的主要业务都集中在柜台市场和私募产品领域，如高盛2011年柜台和私募业务收入占集团总收入的比重达60%。2010年末全球场外市场的衍生品合约价值已达到625万亿美元，而场内市场的衍生品合约价值只有80万亿美元，场外市场是场内市场规模的近8倍。美国标普500中90%以上的大公司都通过与投资银行在柜台市场开展衍生品交易进行风险对冲，[1]这充分体现了柜台市场交易的灵活性中所蕴含的巨大优势与便利。

（二）中国众筹证券转售市场构建设想

众筹证券与交易所市场发行的证券不属于同一种类，它具有较高的风险性且公众对其认知度及接受度目前尚需观察。为了规避风险，应该将众筹证券的发行和转售市场与其他类型的证券市场相区别。鉴于此，有必要为众筹证券建立一个专门的发行、交易市场。通过对我国多层次证券交易市场的观察，笔者发现，全国中小企业股份转让系统虽然对挂牌企业的注册资本、净资产、盈利能力不设限制，但在持续经营期限、公司组织的完整性、经营活动的合法合规性方面要求严格，众筹证券发行人可能较难满足其挂牌条件。区域性股权交易市场虽然可以将业务范围辐射全国，但服务对象主要是国有企业及司法拍卖，且其交易系统不占优势。目前的情况是，各众筹平台负责自有客户众筹证券的发行、承销和转售，但笔者认为，如果没有统一的市场和规则，其规范性和影响力均会受到影响。

2015年1月，中证资本市场发展监测中心（后更名为中证机构间报价系统股份有限公司）旗下的中证众筹平台正式启动。作为受中国证券业协会委托，对股权众筹融资业务备案和后续监测进行日常管理的中证资本市场发展监测中心下辖的中证众筹平台（后更名为中证众创平台），依托机构间私募产品报价与服务系统，为报价系统参与人作为中介机构开展股权众筹业务提供平台外包服务。目前，该平台与其他的互联网众筹平台相互独立、互为补充。平台本身不开展项目推荐以及投融资活动，而是专注于

---

〔1〕"证券公司柜台市场规范发展迎来新机遇"，载《证券时报》2014年8月21日，第A12版。

对众筹项目的真实性、可靠性进行把控，并对客户资金实行专户存管。笔者认为这一机构设置大有深意。一方面，通过中证机构间报价系统对全国众筹证券行业的统计分析，监管层可了解行业发展的详细情况；另一方面，中证众创平台通过参与众筹证券市场运行，可以积累一定的行业影响力和社会关注，为将来成立全国统一的众筹证券发行、转售市场积蓄力量。中证众创平台首批上线了 10 个股权众筹项目，涉及领域较广，包含户外用品生产与销售、体育产业、农业、高科技、互联网安全、文化传媒等行业，并已有投资者对项目进行了认购。将来，随着众筹证券行业的发展，中证众创平台的影响力必将日益增强。在此基础上建立全国统一的众筹证券发行、转售市场及规则，经过一段时间的试点，待条件成熟后，甚至可以考虑将中证众创平台纳入全国中小企业股份转让系统，将其作为"新三板"市场的一个板块，区别于其他板块进行单独管理。2017 年 12 月22 日，在"新三板"揭牌运营五周年之际，全国中小企业股份转让系统有限责任公司发布了《全国中小企业股份转让系统挂牌公司分层管理办法》，分层后的"新三板"，将进一步增强市场服务的弹性，并通过发行制度、交易制度以及投资者准入制度等差异化制度安排支持挂牌企业发展。因此，在具体挂牌条件上，众筹证券板块原则上应处于较低层次，采用"先严后松"的做法，逐步将所有众筹证券的发行、转售转让纳入市场。在信息披露上，采取有限信息披露标准，只需要公布特别重大信息，如募集说明书、年报、实际控制人或大股东变动等，且披露时限应更为宽松。在市场准入方面，笔者认为，鉴于众筹证券市场的特殊性，其参与人宜限于做市商和经认定的合格投资者。在交易制度方面，虽然"新三板"目前精选层已经实行竞价交易，基础层和创新层可在集合竞价和做市交易中选择，但笔者认为，众筹证券交易采用做市商制度和协议制度相结合的方式为宜。在转板制度方面，笔者认为应分两个方面研究：一是"新三板"市场与证券交易所市场主板、中小板、创业板之间的转板制度；二是"新三板"内部的转板制度。目前，"新三板"与主板、中小板、创业板之间的转板政策渠道已经打通。[1]由于众筹证券的特殊性，一段时间内应在专门的市场板块内发行、流通，因此，在转板制度设计方面应考虑"新三板"内部的转板制度。

---

[1] 《非上市公众公司监督管理办法》第41条规定："本办法施行前股东人数超过200人的股份有限公司，符合条件的，可以申请在全国股转系统挂牌公开转让股票、首次公开发行并在证券交易所上市。"这标志着"新三板"公司可以通过首次公开发行转入证券交易所主板、中小板、创业板市场。

第四章

众筹证券法律责任体系构建

证券法律责任是指证券法主体在证券的发行、交易过程中违反了有关法律、行政法规和规章的规定而应承担的法律后果。任何法律都不能没有"牙齿"，没有法律责任的法律规制在实践中只会沦为一纸空文。因此，构建科学、严谨的法律责任体系，不仅是证券市场法律规制的重要内容，更是证券投资者权益最有力的保障。证券法律责任包括三种，即民事责任、行政责任和刑事责任，三种责任形式体现着完全不同的法律宗旨。民事责任制度侧重于修复投资者与责任主体之间的民事法律关系，维护个体利益，因此承担民事责任的方式主要有损害赔偿、支付违约金等；行政责任制度旨在修复监管者与违法者之间的行政法律关系，维护正常的证券市场秩序和投资者的整体利益，侧重于对违法违规者的惩戒和对市场的规范；刑事责任制度侧重于惩戒严重侵害投资者权益和破坏市场秩序的犯罪行为。[1]民事责任制度属于私法领域，行政责任、刑事责任制度属于公法领域，虽然功能有所差别，但目的都是保护投资者合法权益，维护市场秩序。

第一节 理念冲突："民""行"孰重

一、从"重行轻民"到"民行并重"

我国证券法律责任经历了从"重行轻民"到"民行并重"的发展过

---

〔1〕 参见刘俊海："论证券市场法律责任的立法和司法协调"，载《现代法学》2003 年第1 期。

程。"2005 年《证券法》修订前，证券法律责任制度的设置因其浓重的行政主导性和受限制的民事责任追究程序而备受诟病。原《证券法》具有明显轻民事责任的特点。从该法所涉及的民事责任、行政责任和刑事责任相应的法律条文来看，第 11 章作为法律责任的专章，绝大部分是行政责任的条款，另有 17 条涉及刑事责任，而民事责任的规定却寥寥无几，仅有 3 处，加上在其他章节中的 8 处内容，总共不过 11 处散见的规定。"[1]对于内幕交易、操纵证券市场等证券违法行为，立法上却对其民事责任未作出明确规定。出现这种立法状况的主要原因在于政府主导的证券市场对《证券法》公法属性的重视多于其私法属性。2005 年，我国对《证券法》进行了修订，修订后的《证券法》较大地改进了对民事责任的设置，增设了短线交易、内幕交易、操纵证券市场、欺诈客户和出具虚假报告、证券公司违规承销等民事责任，扩大了民事赔偿责任的主体范围、适用范围，确立了连带赔偿责任形式。2020 年施行的《证券法》系统总结了我国证券市场改革发展、监管执法、风险防控的实践经验，作出一系列新的制度改革：一是全面推行发行注册制度；二是完善投资者保护制度。区分普通投资者和专业投资者，有针对性地作出投资者权益保护安排；建立上市公司股东权利代为行使征集制度；建立普通投资者与证券公司纠纷的强制调度制度；三是显著提高证券违法违规成本。如对于欺诈发行行为，从原来最高可处募集资金 5% 的罚款，提高至募集资金的一倍。对于上市公司信息披露违法行为，从原来的 60 万元罚款，提高至 1000 万元。此外，在建立健全多层次资本市场体系、上市公司收购制度、证券公司业务管理制度、证券登记结算制度、跨境监管协作制度等方面作了完善。从《证券法》修订的历史来看，几次修改都反映出监管层希望通过强化民事责任制度安排，为证券侵权纠纷提供私权救济途径，实现真正意义上的保护投资者合法权益的立法目的。

（一）民事责任与行政责任的本质定位

民事责任与行政责任的定位有所不同，行政责任以惩戒为主要功能，

---

[1]　参见周友苏、蓝冰："证券行政责任重述与完善"，载《清华法学》2010 年第 3 期。

民事责任以补偿为主要功能。虽然事实上两种责任都起到了惩戒违法行为人和保护投资者的作用，但行政责任以惩戒违法者为基本定位，重点在于对加害人的违法行为予以惩罚并给予加害人在法律上的否定评价，通过惩罚机制来预防和遏制证券违法行为，维护市场秩序，保护投资者合法权益。[1]同时，国家负有惩戒违法行为的责任和义务，根据《证券法》，国务院证券监督管理机构、国务院授权的部门、县级以上地方人民政府具有追究证券违法行为行政责任的职责和义务。[2]惩戒证券违法行为既是这些机关承担的一项法律义务，又是其应当履行的证券监督管理职责。若有关机关对证券违法行为不作为或怠于追究加害人的行政责任，则为失职。证券民事责任以救济受害人、补偿受害人的损失为出发点，强调通过补偿受害人因违法行为而遭受的实际损失来保障其合法权益。就其本质定位，证券民事责任以财产罚为主要责任承担形式，以公平正义的法治思想为指导，通过强制加害人承担其不当行为给被害人造成的实际损失体现出法律对加害人的惩戒。由此可见，证券民事责任以保护投资者合法权益为首要功能，而对不法行为的惩戒则是为实现保护投资者功能而附带的次要功能。

（二）行政责任是证券法的本法责任

《证券法》第 1 条规定了其立法目的："为了规范证券发行和交易行为，保护投资者的合法权益，维护社会经济秩序和社会公共利益，促进社会主义市场经济的发展，制定本法。"虽然表述比较抽象，但可以发现，以维护市场秩序和社会公共利益为首要定位的行政责任与保护投资者合法权益为主要定位的民事责任都被纳入其中，但民事责任和行政责任哪个更重要却在字里行间中没有体现。但是，证券行政责任与民事责任相比，行政责任是以加害人为中心构建的制度，责任体现的惩罚直接施于加害人；民事责任则是以受害人为中心来构建的制度，受害人提出赔偿请求和出示相关证据后经法律规定程序才能施加于加害人。虽然，民事责任通过形成

---

〔1〕 周友苏、蓝冰："证券行政责任重述与完善"，载《清华法学》2010 年第 3 期。

〔2〕 参见《证券法》第 180 条、第 205 条、第 215 条、第 216 条、第 217 条、第 218 及第 221 条。

一种利益机制，鼓励广大投资者诉请赔偿，积极揭露证券市场中的各种欺诈行为和其他违法行为，但如果受害人怠于提出赔偿请求，加害人的违法行为就得不到应有的处罚，也无法形成监督力量，发挥即时监控的作用。当民事责任实现受阻时，行政责任使加害人仍然不得不为其违法行为付出代价，虽然，有时这种代价的付出不一定表现为经济形式，但至少可以在一定程度上预防和减少违法行为的再次发生。由此可以发现，基于证券民事责任制度实践运作并不顺畅，以及有效司法制度供给不足、证券市场违法违规行为频繁的事实，为了有效地惩戒证券违法行为，维护市场秩序，保护投资者合法权益，证券行政责任在现阶段的证券法制中显得非常重要。随着证券市场的发展和相关实践活动的加深，立法者和监管层越来越清晰地认识到行政责任仍是证券法之本法责任[1]。证券市场中，广大投资者才是市场的真正主体，如果市场中的违法违规行为得不到有效的预防和控制，投资者的合法权益将得不到有效保障。

（三）民事责任、行政责任、刑事责任三者间的关系

证券法律责任分为民事责任、行政责任、刑事责任，按照功能主要可分为惩戒和救济两大类。其中，以行政责任和刑事责任制度为代表的"惩戒制度"是由监管者或者执法者按照法律、法规的规定对证券违法行为施以制裁措施，在惩戒违法违规行为的同时，威慑潜在违法违规者，从而维护证券市场秩序。"救济制度"则是以民事责任制度为代表，从补偿证券违法行为给受害人造成的损失出发，赋予证券市场主体在利益受到损害时自行寻求救济的制度安排，从而达到保护投资者利益、维护证券市场正常秩序的目的。

1. 三种法律责任制度并行不悖

三种法律责任制度相互协调、相互弥补、相互渗透，共同维护证券市场秩序。在许多情况下，三种法律责任制度可能同时适用，且不能相互替代和抵消。当证券市场违法违规行为人由于经济能力所限无法同时支付全

---

[1] 本法责任是指在法律责任的若干形式中与本法性质最吻合或最匹配的责任形式，也是在本法中处于第一位或占主导地位的责任形式。

部民事赔偿款、行政罚款、刑事罚金时，应当优先支付民事赔偿款。[1]《刑法》第 36 条第 1 款还规定："由于犯罪行为而使被害人遭受经济损失的，对犯罪分子除依法给予刑事处罚外，并应根据情况判处赔偿经济损失。"这些规定反映出民事赔偿优先原则，体现出证券法规的救济性质。同时，根据《中华人民共和国行政处罚法》的规定[2]，尽管同一行为可能同时引发三种证券法律责任，但三种责任之间并不能相互代替，不得以行政处罚代替刑事处罚。

2. 三种法律责任相互区别

首先，三种法律责任产生的前提不同。证券民事责任产生的前提是行为人违反证券民事法律规范，对他人合法权益造成了损害。证券行政责任产生的前提是行为人违反了证券行政法律规范的规定，扰乱了证券行政管理机关对证券市场的管理秩序。证券刑事责任的产生是由于行为人违反了证券刑事法律规范的规定，严重侵害了市场参与人的合法权利和社会公共利益。其次，三者实现方式有所差异。刑事责任的追究需要经过较为复杂、严密的程序，包括侦查机关调查取证、检察机关提起公诉以及法院的判决；行政责任的追究机制则由证券监管机构主导，在认定相关违法事实后按照相关行政程序作出处罚；民事责任的实现则主要依赖当事人自身，因此，民事责任的实现依赖于司法制度的供给，政治、经济、社会等多种制约因素的改善。

二、众筹证券法律责任与公募、私募证券法律责任

众筹证券属于新生事物，相关规则尚未"落地"，其法律责任问题尚有待研究。我国专门针对众筹证券法律责任的规定，仅见于中国证券业协会发布的《私募股权众筹融资管理办法（试行）》（征求意见稿）第 27 条

---

[1]　参见《证券法》第 220 条。

[2]　《中华人民共和国行政处罚法》第 8 条规定："公民、法人或者其他组织因违法行为受到行政处罚，其违法行为对他人造成损害的，应当依法承担民事责任。违法行为构成犯罪，应当依法追究刑事责任的，不得以行政处罚代替刑事处罚。"

的规定："股权众筹平台及其从业人员违反本办法和相关自律规则的，证券业协会视情节轻重对其采取谈话提醒、警示、责令所在机构给予处理、责令整改等自律管理措施，以及行业内通报批评、公开谴责、暂停执业、取消会员资格等纪律处分，同时将采取自律管理措施或纪律处分的相关信息抄报中国证监会。涉嫌违法违规的，由证券业协会移交中国证监会及其他有权机构依法查处。"由此，我们可以发现违反该征求意见稿及相关自律规则的惩戒措施仅限于协会的自律监管措施，对于违法行为的法律责任问题语焉不详，仅规定移交中国证监会及其他有权机构依法处理。

（一）美国众筹证券法律责任概述

美国《众筹规则》也没有对法律责任作专门规定，除 SEC 的行政性监督或通过司法部向法院提起刑事诉讼外，投资者仍然可以根据《1933 年证券法》《1934 年证券交易法》等相关法律、法规及准则的有关规定，追究证券违法行为人相应的民事法律责任。根据《1933 年证券法》第 11 条规定，如果注册说明书的任何部分在其生效时含有对重大事实不真实的陈述，或遗漏了需要陈述的重大事实，或遗漏了为使该说明书中的陈述不致产生误导而必须陈述的重大事实，则任何购买该证券的人（除非被证明在购买该证券时，已经知道该不实或漏报情况）均可根据普通法或衡平法在任何有管辖权的法院起诉。该法第 12 条规定，对于违反该法第 5 条规定的人，对与其有直接买卖关系的人所遭受的损失应当给予民事赔偿。根据《1934 年证券交易法》第 9 条规定，投资者因他人违反第 9 条规定，因操纵证券市场行为受到损失的投资者可根据普通法或衡平法向有管辖权的法院起诉，要求加害人赔偿其所受到的损失，同时，该条款规定了原告的举证责任，要求原告证明参与操纵行为的人具有主观故意，还要求证明被告的市场操纵行为与原告受到的损失之间具有因果关系。该法第 16 条关于短线交易的禁止性规定要求，大股东、董事、高级管理人员对其所持有的本公司股票（豁免证券除外）或以本公司股票为基础的互换协议，在买进后 6 个月内卖出或在卖出后 6 个月内再买入的交易，无论出于何种目的，所得收益均收归发行人所有，即内部人短线交易的利益必须归入公司。该法

第 18 条是关于注册文件中重大事实虚假或遗漏的禁止性规定，规定任何人在根据《1934 年证券交易法》向 SEC 提交注册文件时，对重大事实不实陈述或出现遗漏时，必须承担法律责任；投资者因注册文件中的不实陈述或遗漏而遭受损失的，有权提起民事诉讼。

除了美国《1933 年证券法》和《1934 年证券交易法》所确立的证券民事法律责任，按照国会的立法授权，SEC 还颁布了一系列具有法律效力的规则和制度。这些规则和制度共同构成追究证券民事责任的重要法律依据，尤其是涉及证券欺诈行为的民事责任。《10b-5 规则》规定："任何人利用任何州际商业手段或设施、邮件，或利用任何全国性证券交易设施所实施的、与任何证券买进或卖出有关的下列行为均属非法：一是，使用任何计划、技巧和策略进行欺诈的；二是，进行不真实的陈述或者遗漏实质性事实，这一实质性事实在当时的情况下对确保陈述不具有误导性是必要的；三是，从事任何构成或可能构成欺诈的行为或商业活动。"该规则比《1934 年证券交易法》第 10b 条[1]更进一步，已成为美国反证券欺诈强有力的法律武器。

此外，《1933 年证券法》和《1934 年证券交易法》颁布时，一个重要的政策选择是联邦法不优于州法，每一个州都有自己的证券法，又称蓝天法，对各州证券发行、销售、交易进行监管，负责对经纪商和投资顾问颁发执照并对虚假陈述追究民事责任。同时，各州也建立起了自己的执法机构，负责对州内的证券违法行为进行监管、执法。

（二）众筹证券法律责任与公募证券法律责任

通过对美国众筹证券与私募证券及公募证券法律责任的观察，可以发现，其主要区别在于发行和交易环节的制度设计，而在法律责任方面的差异很小。但在我国，相关政策将众筹证券定义为私募证券范畴，而私募证

---

　　[1] 美国《1934 证券交易法》第 10b 条是一个包罗万象的条款，适用于所有证券。第 10b 条规定，任何人直接或间接利用州际商业工具、方法或邮政，或利用任何全国性证券交易所的任何设施，从事下列行为皆为非法：在购买或销售已在证券交易所注册，或未注册的任何证券时，违反 SEC 制定的维护公共利益或保护投资者所必要或适当的规则和条例，利用或使用任何操纵性、欺骗性手段或计谋。

券尚无统一的法律规则，且在法律责任方面更是缺乏明确规定。因此，笔者试从三个方面分析众筹证券与公募证券在法律责任方面的差异。

1. 立法目的的差异

无论是众筹发行还是公募发行，相关监管法规的立法目的都是保护投资者合法权益。但二者保护的侧重点有所不同。公募证券监管法规的立法目的是保护广大中小投资者的利益，因此，建立了强制信息披露制度，要求证券发行人按照法律规定的时间、方式、范围及内容，充分、准确、完整、及时地披露信息，使投资者能够根据该信息作出理性的投资判断。同时，在公募证券市场上，各参与主体生产、披露和获取信息都需要付出交易成本，要求每一个市场参与者自己搜集、整理、分析市场信息，成本巨大且效率低下。法律为达到使社会成本最小化的目的，选择了一种成本较低的权利配置形式和实施程序，即要求上市公司按照法律规定的统一标准全面、准确、真实、及时地披露其信息。因此，从保护中小投资者利益、节约社会成本来看，公募市场对发行人的强制信息披露要求既是公平的，也是合理的。

与此不同的是，众筹证券监管法规的保护重点不是已经参与众筹发行的投资者，而是没有参与或有可能参与众筹发行的社会公众。通过对潜在投资者资格条件、人数的严格限制，并且建立众筹证券转售限制制度，防止非经注册或核准而擅自将众筹发行转化为公募发行，才能从发行、转售环节尽可能地减少损害投资者利益行为的发生。而众筹证券豁免注册的发行审核方式，目的是发行人筹资便利，并且在一定程度上满足了发行人快速募集资金的实际需求。但为了实现市场的公平，又规定众筹证券发行人虽被豁免注册但仍受到证券法反欺诈制度的规制，以及投资者准入机制的限制，以实现众筹证券市场效率与公平之间的平衡。

2. 适用法律的不同

目前，我国众筹证券市场仅限于合格投资者参与，具有一定的封闭性，因此，现阶段出现公募证券市场中的操纵市场、内幕交易等违法违规行为的可能性较低。众筹证券的违法违规行为主要是非法发行、非法转售、虚假陈述，而公募证券的违法违规行为种类繁多，既包括上述三类，还包括操纵市场、内幕交易等。在法律适用方面，由于众筹证券的私募属性，主要法律依据为《民法典》而非《证券法》。《民法典》更强调平等主体间通过协商达成交易，在合法合规性方面的行政监督少于《证券法》。究其原因，主要是因为众筹证券投资者应为具有一定投资经验并具有自我保护能力的合格投资者，在发行、转售环节，具有比普通公募证券投资者更强的投资判断力和企业估值能力。在投资者自我保护能力较强的情况下，与众筹证券投资更为相关的是投融双方的协商一致，而非证券监管机构对双方的严密监管。同时，在违法违规行为的认定上，由于《证券法》是《公司法》《民法典》的特别法，根据"特别法优先适用、一般法补充适用"的基本法理，在《证券法》没有规定的时候，应适用《公司法》《民法典》以及相关行政法规、部门规章、司法解释。

3. 责任内容各异

对于公募证券来讲，由于涉及社会公众利益的保护问题，因此，法律对其设置了较为严格的规则内容体系，包括公开发行必须依照《证券法》及相关法律、法规及准则的规定进行，并取得证券监管机构的核准或进行注册。一旦取得核准或完成注册就可启动公开发行，发行人即负有法定的强制信息披露义务，必须真实、准确、完整地公开披露规定信息。如果违反上述义务将面临民事、行政甚至刑事处罚，《证券法》《刑法》都对此作了明确、具体的规定。而对于众筹证券发行来讲，其规制内容将大有不同：第一，需对发行人的资格进行监督，对于存在重大违规行为的，应不允许进行众筹发行；第二，由于豁免注册，证券的质量无法保障，应对投资者的资格、人数严格限定，以准入门槛阻止不合格投资者进入市场；第三，信息披露应采取自愿披露与强制披露相结合的方式，对于投资者作出投资决策必须依赖的重大信息应强制披露，对于一般信息由发行人自行选择是否披露；第四，由于众筹证券发行属私募发行，因此，不允许发行人采取公开招揽形式和一般劝诱方式进行宣传和推介；第五，必须对众筹证券的转售进行限制，确认交易出让方和受让方都具有相应投资资格。如果违反上述规则要求也应承担相应的民事、行政和刑事责任。现行法律法规尚未对此作出规定，立法上存在大量空白亟待填补。构建科学的众筹证券法律责任体系日益迫切。笔者认为，众筹证券法律责任建设，首先，要确立科学的理念，倡导"民行并重"，克服传统的"重行（刑）轻民"的立法思想；其次，要尽快建立相应的具体责任制度，如众筹证券投资者诉权安排、举证责任设置、案件受理标准、民事赔偿标准等；最后，在行政责任方面，为适应众筹证券适度监管体制，应防止简单套用公募证券行政责任的相关规定。

第二节　民事责任：违约责任、侵权责任

笔者认为，与公募证券相比，众筹证券更应当强调和重视民事责任。这是由众筹证券属于私募证券的政策定位所决定的。在众筹证券发行中，发行对象只能是符合一定条件的合格投资者，这些条件应包括资产状况、风险承受能力、投资经验等。因此，只能是具有一定投资经验和熟悉相关行业的投资者才能进入市场，其和发行人、中介机构之间的对话、沟通、协商能力更强，如果发行人、相关中介机构及其工作人员出现违法违规行为，给众筹证券投资者造成损失，众筹证券投资者的维权能力也更强。再加上，众筹证券的参与人范围更小，与社会公共利益的相关性较公募证券低，因此，相关法律法规对它的关注度也低于公募证券。这些因素的共同作用导致在法律法规及相关政策的设计方面，众筹证券更偏重于民事法律方面，在违法违规行为的责任承担上更倾向于民事责任。根据《证券法》，证券民事责任依据不同的标准可作不同的分类，根据证券违法行为所侵害的证券民事权益关系的不同，证券民事责任可分为证券违约责任和证券侵权责任。

一、证券法上的民事责任形式

（一）证券违约责任

违反证券合同的民事责任也称证券违约责任，是指证券法律关系的当

事人违反在证券发行、上市和交易以及托管、咨询等行为活动中所涉及的各种合同关系。证券违约责任是基于双方当事人依法签订的有关合同为前提，在合同基础上产生，因此，必须受《民法典》调整。一方面，由于证券活动与《证券法》密切相关，也不得违反《证券法》的强制性规范；另一方面，也应当遵循民法上当事人意思自治的基本原则，由当事人在法律允许的范围内通过协商一致作出选择，在双方协商一致的基础上，自主确定责任的范围和形式。因此，证券违约民事责任既可能是违反法律强制性规范所承担的法律责任，也可能是违反当事人约定所承担的法律责任。如果合同当事人不履行合同义务，除了依据《证券法》《民法典》有关规定承担责任，还应当依照当事人约定承担违约责任。[1]因此，合同一旦生效，双方当事人都有按合同约定全面、适当履行合同的义务，若有违反就应承担违约的民事责任。证券违约责任包括以下几种。

1. 违反证券承销合同的民事责任

证券承销合同是证券发行人与承销商就证券销售的有关内容达成的书面协议，包括包销合同和代销合同两种。证券发行人的基本义务是按照合同约定的承销费用计算标准、支付方式和期限向承销商支付手续费和佣金，承销商的基本义务则是按照承销合同约定的承销方式、数量、期限、价格向投资者销售证券。如果采用包销形式，承销商应于承销期满后，自行认购全部余额；如果采用代销形式，在承销期满后，承销商应将未售出的证券及时返还发行人。无论是发行人还是承销商违反合同约定义务，都应承担违约的民事责任。

2. 违反上市协议的民事责任

《证券交易所管理办法》第62条规定，证券交易所应当与申请证券上市交易的公司订立上市协议，确定相互间的权利义务关系。证券上市协议是上市公司与证券交易所订立的明确彼此间权利义务关系的协议。上市公司的基本义务是按照上市协议的约定缴付上市费，向证券交易所报送上市文件，按期办理公告事项等；证券交易所的基本义务是向上市公司提供必

---

〔1〕 周友苏、罗华兰："论证券民事责任"，载《中国法学》2000年第4期。

要的上市服务。如果上市公司和证券交易所违反了各自的义务，都应承担违约责任。《证券交易所管理办法》还明确规定，证券交易所对上市公司未按规定履行信息披露义务的行为，可以按照上市协议的规定予以处理。

3. 违反证券委托协议的民事责任

依据《证券法》第 106 条的规定，投资者在证券交易所从事证券交易，必须委托证券公司进行。因此，投资者与证券公司之间必然形成大量的证券委托买卖合同关系。证券公司接受委托后，其义务是按照价格优先、时间优先、数量优先原则，处理买卖委托，不得违背客户真实意思表示办理交易以外的其他事项。委托人的义务是，在证券公司按委托要求成交后，按成交的数量、价格办理交割手续，并支付手续费，否则即为违约，由此造成证券公司损失的，证券公司有权向委托人追索。

4. 违反证券服务合同的民事责任

证券服务合同是证券中介机构（如会计师事务所、资产评估事务所和律师事务所等）或证券登记结算机构与证券发行、交易的当事人签订的，约定提供证券中介服务具体内容的协议。提供服务方与接受服务方均应按照合同的约定以及相关法律法规的规定，忠实履行合同义务。如果发生违约行为，需依照合同约定或相关规定赔偿守约方所受损失，在使用格式合同的情况下，合同提供方若减轻自身责任，加重对方责任或排除对方主要权利的，该合同条款无效。[1]

（二）证券侵权责任

证券侵权责任是指在证券发行与交易过程中，当事人违反法定义务，侵害他人的合法权益，造成他人损失而应承担的民事责任。证券侵权责任根据一般法律的实施产生，而不是由当事人协议设定，因此，与当事人的协议无关。证券侵权责任也不是当事人自愿承受的责任，而是由法律规定必须承担的责任，且只有符合法律规定的证券侵权行为可以提起侵权之

---

〔1〕《民法典》第 497 条规定："有下列情形之一的，该格式条款无效：……（二）提供格式条款一方不合理地免除或者减轻其责任、加重对方责任、限制对方主要权利；（三）提供格式条款一方排除对方主要权利。"

诉。证券侵权行为受害方主要为投资者，侵害的主要是证券市场相关当事人的财产权，具体包括以下几种。

1. 内幕交易行为的民事责任

内幕交易行为是指内幕信息知情人或非法获知内幕信息的人，利用证券内幕信息获得收益、减少损失或建议他人购买的行为。

近年来，随着我国证券、期货市场的发展，内幕交易、泄露内幕信息犯罪的案件也逐年增多。最高人民法院、最高人民检察院联合发布了《最高人民法院 最高人民检察院关于办理内幕交易、泄露内幕信息刑事案件具体应用法律若干问题的解释》并于 2012 年 6 月 1 日起正式施行。但《证券法》及上述司法解释均没有对内幕交易的民事责任问题进行规定。究其原因，主要是，请求权的主体及请求权人受损害的程度难以确定。王利明教授认为，请求权的主体应为因内幕交易的行为而遭受损害的反向交易人员。只有善意地从事反向交易的投资者，才能成为请求权的主体。如果这些投资者应当获利而没有获利，不应当受损而遭受了损失，就可以要求内幕交易行为人进行民事赔偿。[1]"在举证责任方面，由于受害人要证明内幕交易与其实际损失之间具有因果关系常常十分困难，因此，可采取举证责任倒置原则，由受害人举证证明知情人员利用了内幕信息并使其遭受损害，而要由被告证明原告的损害完全是因为自身的判断错误等原因造成的。也就是说，被告要证明被告的行为与原告的损害之间没有因果联系。"[2]

2. 操纵市场行为的民事责任

操纵证券市场行为包括下列几种：一是，单独或者通过合谋，集中资金优势、持股优势或者利用信息优势联合或连续买卖，操纵证券交易价格或者证券交易量的行为；二是，与他人约定，利用双方账户进行互相交易，以操纵和影响证券交易数量及价格的行为；三是，利用实际控制的多个账户进行互相交易，以达到操纵和影响交易量和交易价格的行为。我国《证

---

〔1〕 王利明："我国证券法中民事责任制度的完善"，载《法学研究》2001 年第 4 期。
〔2〕 王利明："我国证券法中民事责任制度的完善"，载《法学研究》2001 年第 4 期。

券法》第55条第2款明确规定，"操纵证券市场行为给投资者造成损失的，应当依法承担赔偿责任"。

3. 虚假陈述行为的民事责任

虚假陈述行为是指行为人（包括单位和个人）对证券发行、交易及其相关活动的事实、性质、前景等事项作出误导性陈述或者有重大遗漏的表述、记载，致使投资者在不了解真实情况的前提下作出投资决策的行为。《证券法》第85条规定："信息披露义务人未按照规定披露信息，或者公告的证券发行文件、定期报告、临时报告及其他信息披露资料存在虚假记载、误导性陈述或者重大遗漏，致使投资者在证券交易中遭受损失的，信息披露义务人应当承担赔偿责任；发行人的控股股东、实际控制人、董事、监事、高级管理人员和其他直接责任人员以及保荐人、承销的证券公司及其直接责任人员，应当与发行人承担连带赔偿责任，但是能够证明自己没有过错的除外。"

4. 欺诈客户行为的民事责任

欺诈客户行为包括以下几种：一是，违背客户的委托为其买卖证券；二是，不在规定时间内向客户提供交易的书面确认文件；三是，挪用客户所委托买卖的证券或者客户账户上的资金；四是，未经客户的委托，擅自为客户买卖证券，或者假借客户的名义买卖证券；五是，以获得交易佣金为目的，诱使客户进行不必要的交易；六是，散布虚假或误导投资者的信息；七是，其他违背客户真实意思表示、损害客户利益的行为。《证券法》第93条明确规定，"发行人因欺诈发行、虚假陈述或者其他重大违法行为给投资者造成损失的，发行人的控股股东、实际控制人、相关的证券公司可以委托投资者保护机构，就赔偿事宜与受到损失的投资者达成协议，予以先行赔付。先行赔付后，可以依法向发行人以及其他连带责任人追偿"。

欺诈客户的侵权责任与证券委托合同的违约责任可能产生民事责任的竞合。证券公司在从事经纪业务时与投资者签订委托代理合同，为客户代理买卖证券、办理交易事项，并承担相应的违约责任。同时，证券公司在证券市场发挥特殊作用，当其从事经纪业务时，《证券法》又为之设定了若干法定责任。而这些法定责任不因合同当事方的约定而更改或消除。因此，欺诈客户行为，不仅涉及违约责任，也产生侵权责任，从而导致两种责任的竞合。当这一情况发生时，可参照民事责任竞合的基本法理处理，即受侵害方可以在违约责任和侵权责任之间进行选择，如果受侵害方通过行使一种请求权而使其所受损失得到弥补，另一请求权则应归于消灭。有学者提出，如果将欺诈客户行为认定为侵权，必须要解决民法学理论难题，即欺诈本身是否构成侵权问题。根据法律规定，欺诈主要对合同效力产生影响，但不等于侵权。如果把欺诈当作侵权行为，则应当宣告合同无效。[1]

二、众筹证券民事责任构建

不同形式的民事责任在构成要件、归责方式、赔偿范围、法律适用等方面均有所差异。[2]从上述分析可知，众筹证券民事责任主要有三种形式：一是基于众筹证券发行、销售而产生的违约责任；二是在众筹证券发行、转售过程中因违反法律禁止性规定而产生的侵权责任；三是缔约过失责任。

（一）责任主体

1. 发行人

众筹证券发行人是众筹证券法律规制中最重要的责任主体，其既可能涉及众筹证券发行、销售中的违约责任与缔约过失责任，也可能涉及虚假陈述等侵权责任。

2. 众筹平台

根据《私募股权众筹融资管理办法（试行）》（征求意见稿）规定，股权众筹平台应当履行下列职责：一是，对投融资双方进行实名认证，对用户信息的真实性进行必要审核；二是，对融资项目的合法性进行必要审

---

〔1〕 参见王利明："我国证券法中民事责任制度的完善"，载《法学研究》2001 年第 4 期。

〔2〕 参见任景龙："民事责任的基本原则"，载《河北法学》1990 年第 1 期；王利明、郭明龙："民事责任归责原则新论——过错推定规则的演进：现代归责原则的发展"，载《法学论坛》2006 年第 6 期。

核；三是，采取措施防范欺诈行为，发现欺诈行为或其他损害投资者利益的情形，及时公告并终止相关众筹活动；四是，对募集资金设立专户管理，中国证券业协会另有规定的，从其规定；五是，对投融资双方的信息、融资记录及投资者适当性管理等信息及其他相关资料进行妥善保管，保管期限不得少于10年；六是，按照中国证券业协会的要求报送股权众筹融资业务信息；七是，保守商业秘密和客户隐私，非因法定原因不得泄露融资者和投资者相关信息；等等。由此可见，众筹平台承担了大量义务，既包括客户真实性、项目合法性的审核义务，又包括检查和防范欺诈义务，还包括信息披露义务及为客户保密义务，甚至还必须承担管理募集资金的义务。这些义务的设定不仅需要平台具有较高的业务管理水平、合规管理水平和风险管理水平，更需要平台及其工作人员具有较高的职业道德修养和良好的职业操守。虽然该征求意见稿尚未对其责任承担作出规定，但一旦平台出现违背上述义务的任何行为，仍然难以避免承担民事侵权责任。

3. 投资者与转售者

众筹证券投资者也会涉及违约责任，同时，投资者还会变为转售者。在转售环节，既可能涉及转售合同违约责任，又可能涉及与信息披露相关的侵权责任。

4. 发行人董事、监事、高级管理人员

在美国，由于证券民事责任制度的统一、协调性，众筹证券发行人的董事、首席执行官、财务主管等高级管理人员也受反欺诈条款的约束，并可能因此承担连带责任。目前，我国就私募证券发行人的董事、监事、高级管理人员是否需要承担相关连带责任尚语焉不详，因此，作为私募证券组成部分的众筹证券，发行人董事、监事、高级管理人员是否需要承担该连带责任则更缺乏法律依据。但笔者认为，众筹证券发行人的董事、监事、高级管理人员有必要承担反欺诈等规定下的连带责任。

5. 第三方中介机构

第三方中介机构包括会计师事务所、律师事务所等专业服务机构，这些机构在众筹证券发行、转售中基于诚信、独立原则而出具各种书面专业意见。这些书面意见往往是信息披露的组成内容之一，因此，也要受反欺诈规定之约束。

（二）违约责任

众筹证券发行本质上由一系列合同组合来实现，包括发行人与投资者之间的众筹证券发行销售合同，转售人与购买者之间的转售合同，发行人与平台之间的平台服务合同，发行人与律师事务所、会计师事务所等中介机构之间的专业服务合同等。因此，在具体法律适用上，应以《民法典》为主。《民法典》第 577 条规定："当事人一方不履行合同义务或者履行合同义务不符合约定的，应当承担继续履行、采取补救措施或者赔偿损失等违约责任。"对于违约责任的构成要件，我国相关法律采取一要件说，也就是说，只要当事人有不履行合同义务或者履行合同义务不符合约定的事实存在，该方当事人就得承担违约责任，不论其主观上是否有过错。[1]设计违约责任的目的在于停止侵害和弥补损失，根据我国法律规定，承担违约责任的方式主要有要求违约方继续履行、采取补救措施、停止违约行为、赔偿损失、支付违约金或者适用定金罚则。

违约责任的归责原则，在违约责任制度中居于核心地位。对于违约责任的归责原则，主要存在过错责任和无过错责任两种观点。主张违约责任采取过错责任的观点认为，过错是各种违约责任的主观要件；主张违约责任采取无过错责任的观点认为，违约责任的认定不以过错为主观要件。此外，还存在折中观点，认为过错责任原则为违约责任的主导原则，但在特殊领域也可适用无过错责任原则。

《民法典》第 577 条将违约责任的归责原则确定为无过错责任，强调违约责任的承担不以过错为要件，只要当事人能够证明违约方有违约行为，不需举证违约方是否有过错。同时，它是一种客观归责原则，以违约行为与违约事实所产生的后果之间的因果关系为归责事由和核心要件，当事人容易举证，便于判断；另外，它是法定责任而非约定责任，当事人不

---

〔1〕 中国法制出版社编：《中华人民共和国合同法配套解释与案例注释》，中国法制出版社2013 年版，第 108 页。

能任意约定。就众筹证券发行人、转售人的违约责任而言，由于他们更了解企业的经营情况、财务状况，以及所持证券市场表现、风险状况等情况，笔者认为，也应当采取无过错责任原则。投资者只要能够证明发行人、转售人未履行合同义务或未按约定履行合同义务，发行人、转售人就必须承担违约责任，而无需证明发行人、转售人存在主观过错。

不同的归责原则对违约责任制度起着决定性的作用，这是因为归责原则直接决定着违约责任的构成要件和举证责任的内容。关于构成要件，众筹证券违约责任包括违约行为、损害事实和因果关系三个构成要件。关于举证责任，在无过错责任原则下，守约方没有必要举证证明违约方存在过错，违约方也没有必要反证自己没有过错。

（三）以虚假陈述为中心的侵权责任

公募证券市场中的侵权行为，主要包括内幕交易、操纵市场、虚假陈述、欺诈客户等几种类型。郭雳教授指出，"由于信息披露原则是证券法的精要原则，而虚假陈述制度恰恰是对信息披露原则的最有力保障，所以，证券发行中的民事责任多以虚假陈述制度的构建为重心"。[1]因此，笔者对众筹证券发行中虚假陈述制度的侵权责任问题作初步探讨。

1. 美国众筹证券发行中的虚假陈述民事责任

美国《众筹规则》没有对法律责任作专门规定，但《1933年证券法》下的反欺诈规则和《1934年证券交易法》下的第10（b）条和《10b-5规则》依然是适用的。这些条款禁止在众筹证券发行中存在虚假记载、重大遗漏和误导性陈述。同时，各州的蓝天法对其州内证券发行、销售、交易进行监管。

在美国，并非所有虚假的陈述都适用虚假陈述责任规则，虚假陈述内容是否具有"重大性"（Material）是判断是否适用证券反欺诈规则的划分标准。[2]只有关于"重大性"信息的虚假陈述才会触发反欺诈规则的适用

---

〔1〕　郭雳、袁平海："证券私募发行中的民事责任问题研究——以虚假陈述制度为中心"，载《法学评论》2001年第5期。

〔2〕　郭雳、袁平海："证券私募发行中的民事责任问题研究——以虚假陈述制度为中心"，载《法学评论》2001年第5期。

及相关责任。SEC 在《10b-5 规则》中对"重大性"给出了定义，即"涉及虚假陈述的事实足以促使普通的理性投资者认为该事实在其进行投资决策时非常重要"，[1]法院在判断某一事实是否重大时，通常是以该事实对"理性的股东"或"理性的投资者"的影响为标准。但是，此种影响的程度究竟如何，各级法院也长期存在争议。但必须强调两个方面：一是，对理性投资者投资决策具有重大影响的信息，SEC 在《405 规则》中有此表述；二是，对证券价格能够产生重大影响的信息。这点在 TSC Industry, Inc. 诉 Northway, Inc. 案中得以确立，法院总结道："即使是一个可被省略的事实，如果它的公开将会对一个合理的投资者产生重大影响，那么它就具备了重大性。"[2]

在侵权责任的归责原则方面，美国《1933 年证券法》第 12（a）（2）条规定，如果证券发行是通过包括重大事实的不实陈述或者误导，遗漏了重大事实的招股说明书或口头通信的手段进行的，则证券购买人可以向证券销售人或要约销售人要求民事赔偿。因此，在证券发行过程中，无论是通过招股说明书还是口头交谈，只要存在重大的误导性陈述或重大遗漏，就必须承担民事赔偿责任。[3]此外，该法第 17（a）条对欺诈性州际贸易的规定中也明确指出，任何人在要约或者出售任何证券时，通过州际贸易中的任何交通或者通信手段或工具，或者邮政手段或工具，直接或者间接从事以下活动均属违法：通过对重大事实的不实陈述，或者在制作注册申请材料中遗漏了能使注册申请不被误解所必要的重要事实，以获得经济收益。对于该条的规定，不仅适用于故意的误导性陈述和重大遗漏，也包括过失的误导性陈述和重大遗漏。由此可见，在虚假陈述行为的归责原则上，美国证券法采取的是过错推定原则。也就是说，若被告不能举证说明不知情，或者根据合理谨慎标准判断其不应该不知情，就应当承担法律责任。

---

[1] 郭雳、袁平海："证券私募发行中的民事责任问题研究——以虚假陈述制度为中心"，载《法学评论》2001 年第 5 期。

[2] 参见郭峰主编：《虚假陈述证券侵权赔偿》，法律出版社 2003 年版，第 189 页。

[3] 参见美国《1933 年证券法》第 12（a）（2）条。

在法律责任方面，关于虚假陈述的赔偿范围，根据《1933年证券法》第12（b）条的规定，受损害方可以在任何具有合法管辖权的法院诉诸法律，以补偿其损失，方法是投资者购买证券价格减去出售证券价格之间的差额。由此，可以发现，《1933年证券法》对于虚假陈述的民事赔偿以实际损失为界限。同时，该法第13条规定，依据第12（a）（2）条提起诉讼的法定时效为自侵害发生时或被发现时起1年，在任何情况下，不得超过自出价或销售时起3年。

2. 我国众筹证券发行中的虚假陈述民事责任构建

从美国众筹证券发行中的虚假陈述民事责任安排可以发现，其公募证券、私募证券、众筹证券在虚假陈述反欺诈民事责任的法律适用上没有差别，这反映了立法及监管机构对证券欺诈领域法律规制的重视并不因所涉市场及证券品种的不同而有所区别，体现了对证券投资者合法权益的重视。

目前，我国众筹证券市场中的虚假陈述民事责任追究尚无法律规定，《证券法》第85条[1]的规定也仅适用于公募证券领域。2003年1月，最高人民法院出台了《关于审理证券市场因虚假陈述引发的民事赔偿案件的若干规定》，这是最高人民法院关于审理证券市场因虚假陈述引发的民事赔偿案件的第一个系统性、综合性的司法解释。但是，该规定明确将在国家批准设立的证券市场以外进行的交易和在国家批准设立的证券市场上通过协议转让方式进行的交易排除在适用范围之外。目前，我国的众筹证券市场是否符合该规定的适用条件尚无明确结论。但从保护投资者利益出发，笔者建议，相关部门可以考虑对众筹证券虚假陈述行为适用与公募证券同样的反欺诈法律规制，从而更好地保护投资者权益和维护市场的规范性、有效性。

---

［1］《证券法》第85条规定，信息披露义务人未按照规定披露信息，或者公告的证券发行文件、定期报告、临时报告及其他信息披露资料存在虚假记载、误导性陈述或者重大遗漏，致使投资者在证券交易中遭受损失的，信息披露义务人应当承担赔偿责任；发行人的控股股东、实际控制人、董事、监事、高级管理人员和其他直接责任人员以及保荐人、承销的证券公司及其直接责任人员，应当与发行人承担连带赔偿责任，但是能够证明自己没有过错的除外。

（1）虚假陈述的主体。

众筹证券发行、交易过程中虚假陈述的主体包括发行人，转售人，众筹平台，发行人董事、监事、高级管理人员和第三方中介机构。①众筹证券发行人是众筹证券市场信息的重要生产者，并且需要不断发布关于自身的新信息来实现持续信息披露。而投资者相对于发行人处于信息劣势，两者在信息获取能力方面存在巨大的差距。为了缩小这种差距，防止发行人利用其信息优势对投资者进行欺诈，保护投资者合法权益，要求作为信息生产者的发行人必须真实、准确、完整地披露有关信息。②转售人作为众筹证券投资者也会涉及违约责任，同时，投资者还会变为转售者。在转售环节，既可能涉及转售合同违约责任，又可能涉及与信息披露相关的侵权责任。③众筹平台，负有大量义务，既包括客户真实性、项目合法性的审核义务，又包括检查和防范欺诈义务，还包括信息披露义务及为客户保密义务，作为众筹证券信息披露的第二责任人也必须真实、准确、完整地披露有关信息。④发行人董事、监事、高级管理人员，在美国，由于证券民事责任制度的统一、协调性，众筹证券发行人董事、首席执行官、财务主管等高级管理人员也受反欺诈条款的约束，并可能因此承担连带责任。目前，我国就私募证券发行人董事、监事、高级管理人员是否需要承担相关连带责任尚"语焉不详"，因此，作为私募证券组成部分的众筹证券发行人董事、监事、高级管理人员是否需要承担该连带责任则更缺乏法律依据。但笔者认为，众筹证券发行人董事、监事、高级管理人员有必要承担反欺诈等规定下的连带责任。⑤第三方中介机构，包括会计师事务所、律师事务所等专业服务机构，这些机构在众筹证券发行、转售中基于诚信、独立原则而出具各种书面专业意见。这些书面意见往往是信息披露的组成内容之一，因此，也要受反欺诈规定之约束。

（2）重大性标准。

对投资者而言，全面掌握和利用所有信息并无必要，而且增加了在信息海洋中区分、判断、选择信息的成本；对信息披露义务人来说，提供过分全面、详细的信息同样增加了成本；对市场监管者来说，要求信息披露义务人公开全部信息既难以实现，也增加了监管成本。因此，在界定陈述行为是否合法问题上，"重大性"标准成为首要标准。

我国证券立法中，对重大性标准的界定具有"二元性"特征，具体表现在如下方面：一是，以招股说明书为代表的"投资者决策原则"作为界定标准，即重大性标准在于该信息是否对投资者的投资决策产生影响，如在《公开发行证券的公司信息披露内容与格式准则第 1 号——招股说明书（2015 年修订）》中规定，"本准则的规定是对招股说明书信息披露的最低要求。不论本准则是否有明确规定，凡对投资者做出投资决策有重大影响的信息，均应披露"。二是，以《证券法》第 80 条、《股票发行与交易管理暂行条例》第 60 条和《上市公司信息披露管理办法》第 30 条所规定的"重大事件"作为界定标准。《证券法》第 80 条第 1 款规定："发生可能对上市公司、股票在国务院批准的其他全国性证券交易场所交易的公司的股票交易价格产生较大影响的重大事件，投资者尚未得知时，公司应当立即将有关该重大事件的情况向国务院证券监督管理机构和证券交易场所报送临时报告，并予公告，说明事件的起因、目前的状态和可能产生的法律后果。"

就众筹证券来说，尽管在信息披露的标准上低于公募证券，但也必须建立、适用反欺诈条款，尤其是对于虚假陈述行为的规制应该同公募证券采取同一标准。因此，在虚假陈述的认定上也应当建立重大性标准，即虚假陈述、误导性陈述和重大遗漏只有涉及"重大性"信息，方构成侵权行为。由于众筹证券市场在发展初期交易活跃度可能远低于公募证券市场，笔者认为，在重大性标准的认定上应采用"投资者决策原则"作为判断标准。

（3）归责原则。

①无过错责任。这类归责原则的责任主体为发起人、发行人、上市公司。《证券法》第 85 条对信息披露义务人适用的是无过错责任。发行人或者上市公司是信息的生产者，也是信息披露的第一责任人，并且对于公司股东负有诚信义务。同时，根据《股票发行与交易管理暂行条例》第 17 条规定："全体发起人或者董事以及主承销商应当在招股说明书上签字，

保证招股说明书没有虚假、严重误导性陈述或者重大遗漏，并保证对其承担连带责任。"因此，当发起人与发行人共谋进行虚假陈述时，与发行人同样适用无过错责任。

②过错推定责任。过错推定责任是指法律上推定行为人有过错，如果行为人能够证明自己没有过错，则推翻法律上的推定，但被告负有证明自己无过错的责任。《证券法》第85条、第163条规定了发行人的控股股东、实际控制人、董事、监事、高级管理人员和其他直接责任人员，证券承销商、保荐人及其直接责任人员，证券专业中介服务机构在认定虚假陈述时适用过错推定责任。

《关于审理证券市场因虚假陈述引发的民事赔偿案件的若干规定》对于虚假陈述的归责进行了具体规定，笔者认为，其规定详尽、合理且不因证券品种的不同在适用上受到局限，因此，众筹证券在虚假陈述的归责原则方面的规定可以此为借鉴。该规定关于归责与免责事由的规定如下：一是，发起人、发行人或者上市公司对其虚假陈述给投资人造成损失的，适用无过错责任原则。发行人、上市公司负有责任的董事、监事和经理等高级管理人员因虚假陈述给投资人造成损失的，适用过错推定责任原则。二是，实际控制人操纵发行人或者上市公司以发行人或者上市公司名义虚假陈述并给投资者造成损失的，可由发行人或者上市公司承担赔偿责任。发行人或者上市公司承担赔偿责任后，可以向实际控制人追偿。三是，证券承销商、证券上市推荐人对虚假陈述给投资人造成的损失承担赔偿责任。但有证据证明无过错的，应予免责。负有责任的董事、监事和经理等高级管理人员也适用过错推定责任原则。四是，专业中介服务机构及其直接责任人虚假陈述，给投资人造成损失的，就其负有责任的部分承担赔偿责任。但有证据证明无过错的，应予免责。

（4）损失赔偿范围。

《关于审理证券市场因虚假陈述引发的民事赔偿案件的若干规定》第30条明确规定："虚假陈述行为人在证券交易市场承担民事赔偿责任的范围，以投资人因虚假陈述而实际发生的损失为限。投资人实际损失包括：

（一）投资差额损失；（二）投资差额损失部分的佣金和印花税。前款所涉资金利息，自买入至卖出证券日或者基准日，按银行同期活期存款利率计算。"笔者认为，此虚假陈述赔偿范围同样适用于众筹证券。

（四）缔约过失责任

证券缔约过失责任是指在合同订立过程中，由于发行人过错致使合同关系无效、被撤销而给证券持有人造成损失所应承担的赔偿责任。缔约过失责任是一项历史悠久的法律制度，最早由德国法学家耶林在其《缔约上过失、契约无效与未臻完全时之损害赔偿》一文中提出。[1]目前，我国《证券法》规定缔约过失责任的条文主要体现在第 24 条和第 180 条。第 24 条所指的缔约过失产生的原因是"国务院证券监督管理机构或者国务院授权的部门对已作出的证券发行注册的决定，发现不符合法定条件或者法定程序"，第 180 条所指的缔约过失产生的原因是"违反本法第九条的规定，擅自公开或者变相公开发行证券的"。第一种情况下，责任人可能出于故意也可能出于过失，导致不符合法定条件或程序的发行被核准，发行人应按照发行价并加算银行同期存款利息返还证券持有人。第二种情况下，由于是责任人出于故意擅自公开或者变相公开发行，应退还所募资金并加算银行同期存款利息。《民法典》第 500 条规定了缔约过失责任，主要存在以下情形：一是，假借订立合同，恶意进行磋商，如故意与对方谈判使其丧失与他人进行交易的机会；二是，故意隐瞒与订立合同有关的重要事实或者提供虚假情况；三是，要约人违反有效的要约；四是，当事人违反已经达成的初步协议；五是，未履行通知、协助、照顾、保护等义务；六是，因当事人的过失而导致合同无效或者被撤销；七是，因无权代理导致

---

[1]　耶林在《缔约上过失、契约无效与未臻完全时之损害赔偿》一文中指出："从事契约缔结的人，是从契约交易外的消极义务范畴，进入契约上的积极义务范畴，其因此而承担的首要任务，系于缔约时善尽必要的注意。法律所保护的，并非仅是一个业已存在的契约关系，正在发生中的契约关系亦包括在内。否则，契约交易将暴露于外，不受保护，缔约一方当事人不免成为他方疏忽或者不注意的牺牲品。契约的缔结产生了一种履行义务，若此种效力因法律上的障碍而被排除，则会产生一种损害赔偿义务。因此，所谓缔约无效者，仅是指不发生履行效力，并非不发生任何效力。简言之，当事人因自己的过失致使契约不成立者，对信其契约为有效成立的相对人，应赔偿基于此信赖而产生的损害。"

合同不能生效或者被撤销。

由于众筹证券发行、转售的特殊性，以《民法典》调整发行人与投资者、转售出让方与受让方之间的关系不可避免，因此，对众筹证券而言，如果发行人违反众筹证券发行条件而导致已签订的发行销售合同被撤销或确认无效，则发行人应承担缔约过失责任，赔偿投资者因此所受损失。在转售环节，如果因违反转售条件，即故意隐瞒与订立合同有关的重要事实或者提供虚假情况而致使合同无效或被撤销，转售出让方也需要承担缔约过失责任。且在众筹证券发行、转售市场的各方主体之间还可能出现假借订立合同，恶意进行磋商情形，要约人违反有效要约情形，不履行通知、协助、照顾、保护等义务的情形。由此可见，众筹证券领域出现可能承担缔约过失责任的情况比公募证券市场多得多，也复杂得多。

三、众筹证券民事责任领域的司法实践

伴随着资本市场发展，众筹证券业务发展迅速，同时也带来较多民事纠纷，司法机关在实际审理纠纷案件过程中，既要厘清金融创新的边界，促进行业发展，又要有效地保护投资者合法权益。

（一）飞度公司、诺米多公司居间合同纠纷案

1. 案件概况

2015年1月21日，本案被告（反诉原告）诺米多公司与原告（反诉被告）飞度公司签订《委托融资服务协议》（以下简称《融资协议》），约定诺米多公司委托飞度公司通过"人人投"互联网非公开股权融资平台融资88万元（包括诺米多公司出资704 000元）。

诺米多公司委托飞度公司提供以下服务：展示诺米多公司申报的项目、发布融资需求等，并根据实际情况就交易的结构、定价、尽职调查及其他相关事情作出安排。平台推广融资期为30天，融资成功后，委托融资费用的收取标准为诺米多公司实际融资金额部分（不含诺米多公司出资额）的5%。双方还约定：项目方出资176 000元，合伙人占股20%；品牌和管理的合伙人占股为10%，出资金额写为"项目品牌管理估值"；其他

合伙人出资 704 000 元，合伙人占股为 70%；每份 4693.3 元，总共 150 份，每人最低认购 1 份。在与"人人投"平台接触、项目预热、融资阶段，如发现诺米多公司出现隐瞒财务状况、提供不真实信息等情况，飞度公司有权终止与诺米多公司的合作，飞度公司因诺米多公司的行为所受的损失，由诺米多公司赔偿。诺米多公司承诺，在委托有效期内遵守"人人投"网站的使用规则，在"人人投"网站所申报项目的所有信息真实、及时、有效，不存在虚假陈述、重大遗漏及误导性陈述，并且项目信息不存在侵犯他方知识产权或其他权利的情形。

上述合同签订后，双方开始依约履行。在此之前，诺米多公司股东刘某某已代表诺米多公司在"人人投"网站上实名注册为平台会员，并通过在线审阅画钩方式同意了《人人投网站服务协议》。刘某某在合同签订后将 176 000 元出资款充值到"人人投"网站与易宝支付同步账户内。在融资期内，飞度公司通过"人人投"平台成功为诺米多公司融资 704 000 元，共有 86 位投资者认购了投资。在合同履行过程中，飞度公司支出合同制作印刷费 2905.2 元，向易宝支付所在公司支付资金托管手续费 2460 元。为履行上述合同，开设"排骨诺米多健康快时尚餐厅"分店，诺米多公司选定位于北京市东城区金宝街的一处房屋作为经营用房。在诺米多公司与出租方签订《房屋租赁合同》后，诺米多公司将上述房屋租赁情况及合同提交给飞度公司。飞度公司工作人员以及投资者在之后的合同履行阶段，前往上述房屋所在地址实地考察，发现上述房屋实际为三层楼房，各方就此发生争议，但均解决未果，各方交易破裂。此后，双方均向对方寄送了《合同解除通知书》，均主张因对方违约而解除合同，并要求支付违约金并赔偿相应损失。双方发生争议后，飞度公司按照 5%的融资费用标准，从诺米多公司充值账户中扣除了 8800 元。

原告飞度公司诉请判令：（1）诺米多公司支付飞度公司委托融资费用 44 000 元；（2）诺米多公司支付飞度公司违约金 44 000 元；（3）诺米多公司支付飞度公司经济损失 19 712.5 元；（4）诺米多公司承担本案诉讼费用。

反诉原告诺米多公司诉请判令：（1）飞度公司返还 176 000 元并支付相应利息（以 176 000 元为基数，按照中国人民银行同期贷款基准利率，自 2015 年 1 月 22 日起计算至飞度公司全部返还之日止）；（2）飞度公司赔偿诺米多公司经济损失 5 万元；（3）要求飞度公司承担本案全部诉讼费用。

2. 法院判决及裁判理由

北京市海淀区人民法院于 2015 年 9 月 8 日作出（2015）海民（商）初字第 20357 号民事判决：（1）被告诺米多公司于本判决生效之日起 10 日内给付原告飞度公司委托融资费用 25 200 元、违约金 15 000 元；（2）反诉被告飞度公司于本判决生效之日起 10 日内返还反诉原告诺米多公司出资款 167 200 元；（3）驳回原告飞度公司其他诉讼请求；（4）驳回反诉原告诺米多公司其他反诉请求。宣判后，诺米多公司向北京市第一中级人民法院提出上诉。北京市第一中级人民法院经审理认为，一审法院认定事实清楚，适用法律正确，程序合法，并于 2015 年 12 月 22 日作出（2015）一中民（商）终字第 09220 号民事判决：驳回上诉，维持原判。

法院生效裁判认为：涉案《融资协议》的法律效力界定问题是本案的核心争议。根据《中华人民共和国合同法》第 52 条第 5 项以及《最高人民法院关于适用〈中华人民共和国合同法〉若干问题的解释（二）》第 14 条的规定，如违反法律、行政法规的强制性规定，则合同无效；上述强制性规定，是指效力性强制性规定。根据上述规定可知，确定本案中《融资协议》法律效力的裁判依据为属于效力性强制性规定的法律和行政法规。由于涉及众筹融资这种新型金融业务模式，本案需结合与此相关的法律法规以及其他规范性文件加以评析。

首先，在法律层面，主要涉及《证券法》第 10 条的规定，即"公开发行证券，必须符合法律、行政法规规定的条件，并依法报经国务院证券监督管理机构或者国务院授权的部门核准；未经依法核准，任何单位和个人不得公开发行证券。有下列情形之一的，为公开发行：（一）向不特定对象发行证券的；（二）向特定对象发行证券累计超过 200 人的；（三）法律、行政法规规定的其他发行行为。非公开发行证券，不得采用广告、公开劝诱和变相公开方式"。从上述规定可知，在我国现行法律规定下，如果单位或个人向社会公众公开募集股本，因涉及社会公众利益和国家金融安全，需要先取得监管部门核准；如果系非公开发行，则在不超过人数上限的情况下，依法予以保护。具体到本案中，一方面，我国通过出台《关于促进互联网金融健康发展的指导意见》（银发〔2015〕221号）（以下简称《指导意见》）等规范性文件，对包括众筹融资交易在内的互联网金融创新交易予以鼓励和支持，为上述交易的实际开展提供了空间；另一方面，本案中的投资者均为经过"人人投"众筹平台实名认证的会员，且人数未超过200人上限；在此情况下，法院认为，从鼓励创新的角度，本案所涉众筹融资交易不属于"公开发行证券"，其交易未违反上述《证券法》第10条的规定。

其次，在行政法规、部门规章以及其他监管规范性文件层面，目前我国还未出台专门针对众筹融资的行政法规和部门规章，涉及的其他文件主要是中国人民银行等十部委出台的《指导意见》、中国证券业协会发布的《场外证券业务备案管理办法》等。其中，《指导意见》属于国家部委出台的规范性文件；《场外证券业务备案管理办法》属于中国证券业协会的自律性文件。上述文件也均未对本案所涉及的众筹交易行为予以禁止或给予否定性评价。至于下一步对众筹交易如何进行监管，则需根据我国法律法规和监管文件的进一步出台而加以明确。另，在飞度公司的主体资质方面，在其取得营业执照、电信与信息服务业务经营许可证等手续的情况下开展业务，目前也无法律法规上的障碍。

综上，本案中的《融资协议》于法不悖，应属有效。

（二）许某某等人与原始会投资公司及网信众筹公司居间合同纠纷案

1. 案件概况

2015年7月，原始会投资公司在其股权众筹平台（以下简称原始会平台）上发布巨峰竹木业公司拟出让4%股权、融资600万元的信息，并作如下宣传：该公司拥有总部位于国家自然森林保护区宜黄县生态工业园内的经营森林资源面积达 12 万亩（4 万亩竹林、8 万亩杉木及其他林地）；2013 年企业销售收入 8068 万元，2014 年企业销售收入 8439 万元，2015 年企业销售收入将达到 16 000 万元；该公司将于 2016 年 2 月完成挂牌上市。同时，原始会平台声明有专业审核团队和风控团队已对上述项目进行了实质性风控与审核，项目的运作方网信众筹公司江苏站负责人刘某宣称其家人也投资了上述项目，故许某某等人将投资款转入被告原始会平台指定的第三方支付平台（先锋支付有限公司客户备付金）账户中。但融资成功后，2015 年 12 月，许某某等人发现巨峰竹木业公司被人民法院列入失信被执行人名单，许某某的投资款全部损失。因协商未果，许某某起诉至法院，要求被告原始会投资公司、网信众筹公司共同赔偿其投资款及利息损失。

被告原始会投资公司不同意原告的全部诉讼请求。理由如下：第一，原始会投资公司为融资居间服务提供者，已经依照原始会平台公示的规则对巨峰竹木业公司的商业计划书进行了书面审查，履行了居间合同义务，且仅向巨峰竹木业公司收取了融资金额 5% 的居间服务费用 30 万元，原告要求原始会投资公司赔偿损失缺乏经济基础。第二，原告具备一定的投融资经验，对股权投资的风险有充分的认知。原始会平台在会员注册环节以及网站上均充分披露了《原始会用户注册服务协议》《原始会风险揭示书》，上述文件反复提示了股权投资的风险、业务模式、信息披露的边界以及投资者决策的独立性，原始会平台明确表示对项目公司提交材料的真实性不进行担保，亦不承诺回报率或保证本金收益等。第三，原始会投资公司已妥善履行了信息披露义务，原告自愿投资于巨峰竹木业公司。原始会投资公司已按照相关法律规定披露了巨峰竹木业公司的融资商业计划书，并无故意隐瞒之处。原告自愿预约投资，与其他投资者成立金枫有限合伙，并成为巨峰竹木业公司的合法股东，原始会投资公司作为居间人，并不存在违约行为。第四，巨峰竹木业公司与涉案项目的领投人金枫创投公司是直接责任方。"全国失信被执行人名单"系 2015 年 12 月 11 日首次公布，晚于涉诉项目的融资期间，巨峰竹木业公司在融资期间未如实披露其涉诉信息，应对原告的损失承担主要责任。而金枫创投公司作为涉诉项目的发起人和合伙事务执行人，未对巨峰竹木业公司的信息进行核实存在重大过失，应对原告的损失承担次要责任。

被告网信众筹公司认为本案与网信众筹公司无关。网信众筹公司未参与涉案项目，不从事股权众筹业务，其与原告之间不存在居间合同关系。同时，网信众筹公司未设立江苏分公司，刘某是金枫创投公司的员工。网信众筹公司与金枫创投公司虽然存在战略合作协议关系，但双方明确约定，战略合作方不得引用网信众筹公司的名义进行投融资宣传活动。

2. 法院判决及裁判理由

法院经审理查明：原始会投资公司系 2014 年 3 月 18 日经北京市工商行政管理局朝阳分局核准成立的有限责任公司（自然人投资或控股），经营范围包括投资管理、项目投资、资产管理、互联网信息服务等，其名下经营的原始会平台，是中国证券业协会首批吸纳的互联网非公开股权融资平台会员，主要提供 TMT（数字新媒体产业）、O2O、文化娱乐等多个行业的非公开股权融资服务、财务顾问服务、顾问专家服务。

网信众筹公司系 2014 年 2 月 13 日经北京市工商行政管理局朝阳分局核准成立的有限责任公司，经营范围为第二类增值电信业务中的信息服务业务、投资管理、资产管理、接受金融机构委托从事金融信息技术外包服务等。其名下经营的众筹网是一站式综合众筹融资服务平台，主要从事公益众筹、奖励众筹等业务。原始会投资公司是网信众筹公司的全资子公司。网信众筹公司未在江苏设立分公司。原始会投资公司陈述，原始会平台的运行模式为意向投资者先在原始会平台上注册，并对其具备合格投资者的身份进行申报，原始会平台审核认证后，意向投资者成为合格投资者，方可进行项目投资。业务流程如下：（1）项目经理对申请融资的项目进行商业判断，如认为可行，则联系项目方获取基本资料（包括主体信息、融资计划、财务数据、资质文件等）；（2）项目经理经过初步风险判断之后，将拟上线的项目提交筹资委员会审核；（3）原始会平台将审核通过的融资项目发布到平台上，开放投资者预约功能；（4）投资者预约投资金额并交纳保证金；（5）项目预约投资金额达到最低标准后，投资者缴纳全部投资款；（6）全体投资者成立有限合伙企业，有限合伙企业与融资方签署投资协议；（7）完成融资企业增资的工商登记变更；（8）投资者给原始会平台付款指令后，第三方支付平台从投资款中扣除居间佣金，向融资方支付投资款项。

2015 年 7 月，原始会平台上线了巨峰竹木业公司拟通过股权融资 600 万元的项目，并发布《巨峰竹木业公司融资计划书》，载明项目的"投资亮点"包括：本轮融资达成，预计 2016 年 2 月前在"新三板"挂牌，投资者可在市场转让；项目增信，大股东承诺连续三年年化 8% 分红和本金回购，确保安全退出；资源优势，稀缺 12 万亩林权资源，"林板一体化"国家政策性支持农业化企业；品牌认证，通过全球最具影响力 FSC 国际森林认证，保证所有木质产品原材料都来源于经营良好的森林；企业资质，获得"江西省省级林业龙头企业""农业产业化经营省级龙头企业""农业产业化市级龙头企业"等多个荣誉称号；核心团队，全产业化管理经验的核心团队，董事长洪战春具有 25 年的山林投资及木、竹制品生产经验。关于"林权资源"，上述融资计划书载明，公司现经营森林资源面积达 12 万亩（4 万亩竹林、8 万亩杉木及其他林地），林权估值 5 亿元。目前行业状况是林木资源短缺，巨峰竹木业公司主营业务包括造林和更新、木材和竹材采运、竹木制品加工及销售业务，公司关联企业有宜黄县丰华林业有限公司、宜黄县融发林业有限公司，法定代表人均为洪战春。此外，《巨峰竹木业公司融资计划书》承诺，2015 年度保证净利润不低于 3637.4 万元，2016 年度保证净利润不低于 8729.28 万元，2017 年度保证净利润不低于 10 475.136 万元；大股东承诺三年回购；公司预计将于 2016 年 2 月份之前完成挂牌上市。

2015 年原告许某某等人通过注册认证，成为原始会平台的会员。通过原始会平台投资了巨峰竹木业公司股权融资项目，向原始会平台指定的第三方支付平台先锋支付有限公司客户备付金账户一次性支付投资款。2015 年 9 月 10 日，金枫创投公司作为无限责任合伙人、许某某等 28 名自然人投资者作为有限责任合伙人，签订了《苏州金枫巨峰投资企业（有限合伙）合伙协议》，约定合伙目的是通过合法经营实现资产增值，经营期限为10年，普通合伙人金枫创投公司为执行事务合伙人；合伙人出资情况为金枫创投公司认缴出资额200万元，实缴出资额120万元，出资比例20%，在巨峰竹木业公司股权融资项目中，金枫创投公司系领投人。

金枫有限合伙成立于2015年8月25日，核准日期为2015年9月22日，经营范围包括实业投资、股权投资，投资管理、投资咨询，资产管理，企业管理咨询。合伙人29个，包括金枫创投公司等。

2015年8月29日，巨峰竹木业公司作为甲方、金枫有限合伙作为乙方、巨峰竹木业公司原始股东洪某作为丙方签订了《巨峰竹木业公司增资扩股协议书》，载明甲方于2015年5月7日召开临时股东会，决议公司注册资本由5000万元增加至7250.4万元，新增注册资本2250.4万元；其中，乙方以600万元认购新增的注册资本400万元，丙方放弃对本次增资的优先认购权；乙方的认购价款高于乙方认缴注册资本金的部分进入公司的资本公积金。上述协议第5.2条股权回购约定，乙方持股每满一年后，如甲方上一年度实际净利润未能达到年度保证净利润的100%，且乙方未能将其所持有股权全部转让给第三方的情况下，乙方有权要求甲方的控股股东、实际控制人回购其持有甲方的全部股权而无需受第5.2.1款的限制；回购方式是控股股东（或实际控制人）回购股权，回购乙方本次增资认购的400万元注册资本，增资款总额600万元。2015年9月8日，金枫有限合伙被登记为巨峰竹木业公司的股东，认缴出资额400万元。

2015年9月29日，先锋支付有限公司客户备付金账户从600万元投资款中扣除30万元原始会投资公司的佣金后，向巨峰竹木业公司支付款项570万元。

2015年12月11日，巨峰竹木业公司被列入最高人民法院失信被执行人名单。截至2017年10月31日，最高人民法院失信被执行人名单上，涉及巨峰竹木业公司的被执行信息有4条。

2016年，洪某作为甲方，金枫有限合伙作为乙方，巨峰竹木业公司作为丙方，签订了一份协议书，约定鉴于丙方目前未如期进行股改，加之2015年的财报显示其不能保证净利润不低于3637.4万元，三方经友好协商，就终止2015年8月29日的《增资扩股协议书》达成如下一致意见：乙方投入到丙方合计600万元，乙方将其名下所有股份即5.5169%的股份转让给甲方，甲方支付乙方全部投资款项600万元；在收到甲方支付的600万元款项之后一个月内，乙方将配合甲方办理股权转让；为保证资金交易顺利支付，甲方应在2016年3月30日之前将前述600万元款项全部打入乙方账号；如果甲方延期支付款项，每逾期一日，应按照应付而未付款项的千分之三支付违约金；为保证甲方按约支付款项，丙方承诺对甲方款项支付承担连带支付责任，如果甲方未按约支付，乙方有权要求丙方承担连带还款责任。

因洪某和巨峰竹木业公司2016年3月30日之前未按照约定退还600万元款项，金枫有限合伙将洪某、巨峰竹木业公司起诉至江苏省苏州市吴中区人民法院，要求洪某按照协议书约定支付股权回购款600万元及违约金、律师费，并要求巨峰竹木业公司对上述付款义务承担连带责任。苏州市吴中区人民法院依法缺席审理了该案件。2017年2月10日，该院作出(2016)苏0506民初4198号民事判决书，判令洪某支付金枫有限合伙股权转让款600万元及违约金（以600万元为基数，自2016年3月31日起至实际给付之日止，按照中国人民银行同期贷款利率3倍标准计算）、律师费86 700元。本案审理过程中，苏州市吴中区人民法院函复本案一审法院称，(2016)苏0506民初4198号民事判决书生效后，该院于2017年7月18日立案执行，但截至2017年9月30日，被执行人洪某均未履行生效法律文书确定的义务，未到庭申报财产；该院暂未发现被执行人名下可供执行的财产线索，亦未发现被执行人目前下落。

另查一，原始会投资公司述称，投资者在原始会平台注册过程中，需勾选《用户注册服务协议》《风险揭示书》，并提交了一份《用户注册服务协议》，载明：用户有权使用平台提供的服务，并在满足相关条件时，通过平台申请发布相关融资需求或进行投资；通过平台达成交易时，应当充分考虑交易条件，直接与交易对方约定具体交易事项并完成交易；用户明确知晓股权投资的相关风险，平台不对投融资判断承担任何法律或经济责任；平台的权利义务方面，平台并不实质性介入用户与其他用户之间的交易，平台提供的服务包括但不限于信息发布、撮合交易、资金划转等。原始会投资公司同时提交了一份《风险揭示书》，载明：平台注册并发起融资项目的公司并非经国务院证券监督管理机构核准公开发行股票的公司，也非经过中国证券业协会备案审查通过的在全国中小企业股份转让系统挂牌的公司，而是具备成长潜力和良好发展空间的非公众公司；平台努力通过制定规则等方式使融资方的信息披露真实有效，但对于这些信息的真实性、合法性、及时性和有效性不作担保；用户对上述信息的理解和利用应当依赖独立的思考、投资经验和投资判断，平台对投资收益不作任何承诺，同时对投资损失不承担任何责任；平台提示投资者关注股权投资的系统风险，平台的股权类、有限合伙份额等权益类融资项目，并不承诺向投资者按期支付投资收益并最终返还投资本金，请用户谨慎投资、分散投资并作好承担损失的准备；平台为了提高投资效率，在投资者众多的情况下会采取合投+跟投机制，为此将通过设立有限合伙企业的方式投资于目标公司，因此存在有限合伙协议及投资协议项下相关方违约的风险。

庭审中，许某某对原始会投资公司提交的上述两份文件的真实性均不予认可，称注册时勾选内容只是"我同意"三个字，并无文件内容。原始会投资公司自认平台披露的《用户注册服务协议》的内容进行过变更，提交的《用户注册服务协议》即许某某注册时使用的版本，但是通过平台电子数据无法确认许某某注册时勾选的文件内容；《风险揭示书》内容没有变更过，在原始会平台网站"投资者手册"中一直可以查询到。进入原始会平台网站，从首页下方点击进入"投资者手册"页面，可以看到以下内容：发起融资时，项目将由股权融资专业团队进行审核，审核通过后平台将协助项目方进行项目资料优化，并辅助项目上线；股权融资高收益总是面临着高风险，建议用户投资前谨慎决策，在项目上线前，原始会平台会有专业的投资团队及风控团队对项目进行全面分析和严格审核。

另查二，许某某述称，巨峰竹木业公司的项目由网信众筹公司江苏站负责人刘某推荐。原始会投资公司则主张刘某系金枫创投公司的员工。双方均表示现无法找到刘某。本院依职权向北京市朝阳区社会保险基金管理中心进行调查，刘某未在北京市缴纳社会保险。

另查三，巨峰竹木业公司项目的领投人金枫创投公司与网信众筹公司存在协议关系，金枫创投公司曾以"众筹网江苏站"的名义进行经营。金枫创投公司成立于 2009 年 12 月，系经苏州市吴中区市场监督管理局核准登记的有限责任公司（法人独资），注册资本 3000 万元，经营范围包括创业投资，代理其他创业投资企业等机构或个人的创业投资，创业投资咨询及服务，为创业企业提供创业管理服务，参与设立创业投资企业与创业投资管理顾问机构等。

诉讼中，当事人对原始会平台是否尽到居间义务存有争议。原告认为，平台作为居间方应当勤勉尽责、保持中立，根据现有的法律法规以及平台的承诺，原始会平台应当对其上线的项目进行实质性审核，履行风险控制义务。原始会平台未尽到审核和风控义务表现在：原告在平台注册时，页面上没有《用户注册服务协议》《风险揭示书》，平台没有进行风险提示；刘某以网信众筹公司名义宣传巨峰竹木业公司项目，原始会投资公司、网信众筹公司存在欺诈诱导行为；《巨峰竹木业公司融资计划书》中关于森林资源的内容涉嫌虚假宣传，巨峰竹木业公司名下既没有 12 万亩森林资源，亦未发现其经营有 12 万亩森林资源，平台并未对林权进行审核。原始会投资公司则辩称，其未违反居间合同义务，居间平台的主要义务是信息发布、撮合交易和资金划转，仅负有形式审查义务。平台已尽到风险提示义务，在《用户注册服务协议》《风险揭示书》及平台网站上明确表示对项目公司提交材料的真实性不进行担保，无义务亦无能力进行实质性审查。巨峰竹木业公司项目由领投人金枫创投公司推荐，投资者基于领投人的尽职调查作出投资判断。在项目审核中，原始会投资公司要求金枫创投公司提交了尽职调查的相关材料，包括巨峰竹木业公司的营业执照资质文件、法定代表人身份证、项目融资计划书、股权众筹同批部分股东打款凭证、东海证券"新三板"立项资料、资质证书和荣誉证书等资料复印件，并针对是否违反国家强制性法律法规及违反公序良俗进行了必要的书面审查；至于林权问题，巨峰竹木业公司仅宣称经营森林资源，林权不属于必须审查的内容，如果审查亦属于项目真实性的问题，应由投资者进行调查。此外，现有证据不足以证明原始会投资公司存在欺诈诱导行为。庭审中，经本院询问，原始会投资公司称，涉诉项目审查中，未审查巨峰竹木业公司的财务报告，也未通过第三方对该公司的财务情况进行审查。

诉讼中，关于实际损失情况，原告认为根据人民法院网站公示的失信被执行人信息，巨峰竹木业公司已背负巨额债务，无力履行还款义务；苏州市吴中区人民法院审理的（2016）苏0506民初4198号案件中，金枫有限合伙申请了财产保全，但保全的财产毫无价值，现生效判决无法强制执行，原告的投资款已全部损失。

法院认为，《中华人民共和国合同法》第424条规定，居间合同是居间人向委托人报告订立合同的机会或者提供订立合同的媒介服务，委托人支付报酬的合同。本案中，原告通过原始会平台对巨峰竹木业公司股权众筹项目进行投资，虽然双方并未签订书面协议，但原始会投资公司以促成交易为目的，提供了信息发布、撮合交易、资金划转等媒介服务，担当了促成投融资交易的中介角色，可以概括地认定许某某与原始会投资公司之间成立事实上的居间合同关系，且内容不违反法律、行政法规的强制性规定，属合法有效合同。结合当事人的诉辩意见，各方的争议焦点在于：第一，如何界定股权众筹平台的居间义务；第二，股权众筹平台是否违约以及应当承担何种违约责任；第三，许某某与网信众筹公司之间是否存在居间合同关系。对此分析如下：

（1）如何界定股权众筹平台的居间义务。

原告与原始会投资公司之间的居间合同关系，与一般居间合同有所不同，股权众筹作为一种融资模式，具有金融活动的特点，股权众筹平台具有金融媒介的属性。根据中国人民银行等十部委出台的《指导意见》的要求，股权众筹融资中介机构可以在符合法律法规规定的前提下，对业务模式进行创新探索，更好地服务创新创业企业。发展互联网金融要以市场为导向，遵循服务实体经济、服从宏观调控和维护金融稳定的总体目标，切实保障消费者合法权益，维护公平竞争的市场秩序。在风险提示制度方面，从业机构应当向各参与方详细说明交易模式、参与方的权利和义务，并进行充分的风险提示。据此，股权众筹平台作为金融中介机构，至少负有以下义务：①对融资方及融资项目的合法性进行审查，对融资方的信息进行及时、全面的披露；②对投资者资格进行审查，通过风险提示使投资者了解股权众筹的基本规则和风险；③在投融资双方间建立信息沟通渠道，并保持居间方的中立性，预防和化解因信息不对称而造成的欺诈风险；④对投融资过程的关键信息进行记录和保存，以及保护投资者个人信息安全、为资金划转提供支持、反洗钱等。上述义务既是平台收取居间报酬的合理性基础，也是保护投资者利益、维护金融市场秩序的客观要求。原始会投资公司作为股权众筹平台的运营者以及专业金融中介机构，应当勤勉尽责，严格履行上述合同义务。

但需要说明的是，股权众筹是一种新型的金融业态，我国尚未出台专门针对众筹融资的行政法规或部门规章，因此，股权众筹的业务模式及众筹平台的服务内容仍在不断创新、变化和调整之中，平台的权利义务内容也可能随之发生变化。

（2）股权众筹平台是否违约以及应当承担何种违约责任。

关于是否违约的问题。首先从融资项目审查看，股权众筹平台在披露融资计划书之前，应当对融资项目的合法性进行严格审核。《巨峰竹木业公司融资计划书》载明了项目在"新三板"挂牌、大股东承诺、资源优势、企业资质、核心团队等方面的投资亮点，投资亮点直接影响投资判断。但是，原始会平台在承诺有专业的投资团队及风控团队对项目进行全面分析和严格审核的同时，既未要求巨峰竹木业公司提交森林资源优势的依据，亦未要求巨峰竹木业公司披露财务状况或对其财务情况进行调查，现融资计划书中森林资源的内容涉嫌虚假陈述，巨峰竹木业公司融资成功后不久即被人民法院列入失信被执行人名单，原始会投资公司未尽到融资项目审查义务。其次从风险提示方面看，股权众筹平台有义务向投资者告知交易规则、揭示投资风险，保障投资者作出理性投资选择。本案中，原始会投资公司虽然辩称通过《用户注册服务协议》《风险揭示书》履行了告知义务，但其作为电子格式文本的提供方和电子数据的保管方，未能就提交的《用户注册服务协议》《风险揭示书》与许某某注册时勾选或公示的文件内容一致进行举证，应当依法承担不利后果。同时，从原始会平台"投资者手册"所处的页面位置来看，《用户注册服务协议》《风险揭示书》未处于页面显著位置，如果不刻意查阅，投资者很难看到以上内容。综合以上情况，可以认定原始会投资公司没有通过足以引起投资者注意的特别方式告知交易模式和相应风险，未尽到风险提示义务。最后从撮合交易过程看，股权众筹平台应保持居间方的中立性，不应向投资者传递一切可能对投资决策产生倾向性影响的信息。本案中，原告主张项目经办人刘某以众筹网名义宣传巨峰竹木业公司项目，原始会投资公司主张涉诉项目由领投人金枫创投公司推荐，虽然现有证据不足以认定原始会投资公司、网信众筹公司存在欺诈诱导行为，但原始会投资公司是网信众筹公司的全资子公司，领投人金枫创投公司与网信众筹公司存在协议关系，且曾以"众筹网江苏站"名义经营，上述事实足以对投资者的决策产生倾向性的影响，可以认定原始会投资公司违反了居间方的中立性。

关于违约责任承担的问题。《中华人民共和国合同法》第107条规定，当事人一方不履行合同义务或者履行合同义务不符合约定的，应当承担继续履行、采取补救措施或者赔偿损失等违约责任；第425条第2款规定，居间人故意隐瞒与订立合同有关的重要事实或者提供虚假情况，损害委托人利益的，不得要求支付报酬并应当承担损害赔偿责任。本案中，原始会投资公司在项目审查、风险提示、保持中立三个方面存在违约行为，应当依法承担违约损害赔偿责任。但需要注意的是，股权众筹属于金融投资活动，风险较大，投资者也应对投资选择尽到必要的注意义务。许某某在投资巨峰竹木业公司之前，没有要求平台或融资企业披露林权有关信息，未对融资企业情况进行调查核实，亦存在一定的过错，应对其损失承担部分责任。因此，根据责任与过错相适应原则及可预见性原则，综合考虑原始会投资公司、许某某各自的过错程度，居间报酬的金额以及金融秩序维护等因素，法院酌定，原始会投资公司向许某某赔偿 36 000 元。需要特别指出的是，对于许某某而言，虽然其基于不同法律关系享有多个诉权，但其通过不同的法律关系获得的全部赔偿金额应以实际损失为限。原始会投资公司向其作出赔偿后，许某某不得再就该部分损失向其他主体追索。

（3）许某某与网信众筹公司之间是否存在居间合同关系。

当事人对自己提出的诉讼请求所依据的事实或者反驳对方诉讼请求所依据的事实，应当提供证据加以证明，但法律另有规定的除外。在作出判决前，当事人未能提供证据或者证据不足以证明其事实主张的，由负有举证证明责任的当事人承担不利的后果。本案中，许某某主张与网信众筹公司之间通过刘某建立了事实上的居间合同关系。但现有证据不足以证明刘某系网信众筹公司员工，亦不足以证明网信众筹公司在巨峰竹木业公司项目中向许某某提供了居间服务，并收取了居间报酬，故无法从行为上推定双方达成订立合同意愿，成立事实上的居间合同关系。许某某要求网信众筹公司赔偿损失，缺乏事实依据，法院不予支持。

网信众筹公司经法院合法传唤，未到庭参加诉讼，法院依法缺席判决。综上，依照《中华人民共和国合同法》第 107 条、第 425 条，《中华人民共和国民事诉讼法》第 144 条，《最高人民法院关于适用〈中华人民共和国民事诉讼法〉的解释》第 90 条之规定，判决如下：①被告原始会投资公司于本判决生效之日起 10 日内赔偿原告许某某损失 36 000 元；②驳回原告许某某的其他诉讼请求。

（三）唐某诉李某某、拍拍贷公司民间借贷纠纷案

1. 案件概况

拍拍贷网站（www.ppdai.com）是被告拍拍贷公司运营的网络借贷平台，原告唐某的注册用户名为 tangjun45，被告李某某的注册用户名为 lylhxd。2012 年 12 月 31 日，被告李某某通过平台发布"慧聪优质商家信用贷潍坊××××××宾馆经营借款"，金额 10 万元，年利率 20%，期限 12 个

月的借款需求。原告唐某通过网上投标向被告李某某出借 8000 元。被告李某某的 10 万元借款由众多网上出借人投标满额后，由拍拍贷公司对借款人即被告李某某提供的材料进行审核评估，收取平台服务费用，并将出借人的借款转入被告李某某的银行账户。2013 年 1 月 1 日，被告李某某与包括原告在内的众多出借人在平台上达成编号为 243816 的电子借款协议，并言明该协议是使用了拍拍贷网站的居间服务，并根据拍拍贷网站的《服务协议》《出借人协议》《借款人协议》自愿达成并签订的。上述借款协议明确，原告唐某与被告李某某的借款金额为 8000 元，借款期限 12 个月，年利率 20%，分 12 期还清，每期还款额（含本金、利息）均为 741.07 元，月截止还款日为每月 1 日，若逾期未还款，则借款人应向出借人支付逾期利息，逾期利率为银行同期贷款利率的 4 倍。

原告唐某认为，因被告李某某经营的宾馆未进行 2012 年度工商年检，且已于 2012 年 12 月 31 日终止经营，被告拍拍贷公司未尽职审核，且在出借投标时不直接向出借人提供借款人的材料，造成原告进行错误的借出选择，要求法院判决：（1）被告李某某归还原告借款本金 6774.39 元、利息 636.31 元、逾期利息 2595.90 元（以每期应还款为本金，自每期应还款日计算至 2014 年 2 月 28 日，按照中国人民银行同期同类贷款利率的 4 倍计算），共计 10 006.60 元；（2）被告拍拍贷公司承担连带还款责任。

被告李某某未作答辩。被告拍拍贷公司辩称：（1）关于借款事实。原告陈述的其与被告李某某之间的借款协议属实，被告李某某确实仅归还了两期本息到被告拍拍贷公司处，被告拍拍贷公司已按照出借人的借款比例分配还款。（2）关于审核信息。被告拍拍贷公司的审核是通过借款人上传的书面材料，包括照片等，进行书面审核，并要求借款人提供电话和视频进行验证。原告与被告拍拍贷公司的合同上没有注明被告拍拍贷公司有审核义务，但是被告拍拍贷公司为了出借人考虑，也会审核借款人的资信、家庭关系以及其他资产状况，但这种审核并不是被告拍拍贷公司的义务。（3）关于还款责任。被告拍拍贷公司在协议中均提到对借贷双方的债务不承担担保责任。原告确实向被告拍拍贷公司反映了被告李某某归还了两期还款后再无归还的情况，但被告拍拍贷公司不是借款协议的当事人，故不向任何人主张归还借款，被告拍拍贷公司是为借款人提供了借款机会。此外，被告李某某的借款有很多出借人，大多数人都是出借了几百元，因为年利率是20%，所以风险也较大。被告拍拍贷公司作为平台的提供方，并不是借贷关系的当事人，也不承担保证义务，故原告要求被告拍拍贷公司承担连带还款责任无事实和法律依据。被告拍拍贷公司在提供服务时，也没有过错，故也不应当承担赔偿责任。

2. 法院判决及裁判理由

原告与被告李某某之间的民间借贷合同关系有网上借款协议为证，该民间借贷合同关系明确、合法，应受法律保护。本案的争议焦点主要在于被告拍拍贷公司是否是该笔借款的还款主体。依据借款协议及原告与被告拍拍贷公司在庭审中的陈述，被告拍拍贷公司在本起借款关系中的主要行为是提供平台、审核信息，其地位应为居间人，而非借款方或保证人，原告关于被告拍拍贷公司应承担连带还款责任的请求无依据，法院不予支持。依据《借出人注册协议》，原告在借出钱款时，对不能知晓借款人的真实姓名和地址的情况应属明知，相应风险由其自行负担。剩余借款本金共计6774.39元、利息共计636.31元，应由被告李某某予以偿付。关于逾期利息，原告所主张的每期债务的相应逾期利息，加上借期内的利息，已超出法律规定，相应利息由法院依法予以调整。

第三节　刑事责任：厘清与非法集资之界限

证券刑事责任是指行为人的行为违反了证券法律、法规和规章的规定，并触犯了《刑法》，构成犯罪而应承担的后果。刑事责任具有强制性、严厉性、专属性的特征。证券刑事责任是违法行为人的行为严重危害了社会，触犯了《刑法》规定而应承担的法律责任。证券刑事责任也是处罚最为严厉的法律责任，在其他责任不足以威慑和惩处违法行为时采用。1997年《刑法》修订后，我国证券犯罪转变为以刑法典为主、附属刑法为辅的立法模式。证券刑事责任主要体现在 1997 年修订后的《刑法》、1999 年《中华人民共和国刑法修正案（一）》和 2006 年《中华人民共和国刑法修正案（六）》中的相关条款。具体来说，涉及证券法律责任的罪名包括 17 个。[1]笔者认为，《刑法》第 179 条所规定的擅自发行股票、公司、企业债券罪与众筹证券发行、交易过程有密切关系。

一、擅自发行股票、公司、企业债券罪

《刑法》第 179 条规定："未经国家有关主管部门批准，擅自发行股票或者公司、企业债券，数额巨大、后果严重或者有其他严重情节的，处五年以下有期徒刑或者拘役，并处或者单处非法募集资金金额百分之一以上百分之五以下罚金。单位犯前款罪的，对单位判处罚金，并对其直接负责的主管人员和其他直接责任人员，处五年以下有期徒刑或者拘役。"

擅自发行股票、公司、企业债券罪构成的前提是发行未经国家有关主管机构核准或者审批的证券，发行人擅自发行是本罪认定的关键。通过分析法条本身，可以发现擅自发行证券可包括如下情形：一是，未向有关主管机构申请即发行证券的行为。二是，发行人已申请报批，有关主管机构也予以核准，但因故撤销的。此种情况在《证券法》第 24 条中有所规定，"国务院证券监督管理机构或者国务院授权的部门对已作出的证券发行注

---

〔1〕　涉及证券法律责任的罪名包括：（1）由《刑法》第 160 条所规定的欺诈发行证券罪；（2）由《刑法》第 161 条所规定的违规披露、不披露重要信息罪；（3）由《刑法》第 169 条之一所规定的背信损害上市公司利益罪；（4）由《刑法》第 174 条第 1 款所规定的擅自设立金融机构罪；（5）由《刑法》第 174 条第 2 款所规定的伪造、变造、转让金融机构经营许可证、批准文件罪；（6）由《刑法》第 178 条第 1 款所规定的伪造、变造国家有价证券罪；（7）由《刑法》第 178 条第 2 款所规定的伪造、变造股票、公司、企业债券罪；（8）由《刑法》第 179 条所规定的擅自发行股票、公司、企业债券罪；（9）由《刑法》第 180 条所规定的内幕交易、泄露内幕信息罪；（10）由《刑法》第 181 条第 1 款所规定的编造并传播证券、期货交易虚假信息罪；（11）由《刑法》第 181 条第 2 款所规定的诱骗投资者买卖证券、期货合约罪；（12）由《刑法》第 182 条所规定的操纵证券、期货市场罪；（13）由《刑法》第 185 条第 1 款所规定的挪用资金罪；（14）由《刑法》第 185 条之一第 1 款所规定的背信运用受托财产罪；（15）由《刑法》第 185 条之一第 2 款所规定的违法运用资金罪；（16）由《刑法》第 229 条第 1 款所规定的提供虚假证明文件罪；（17）由《刑法》第 229 条第 3 款所规定的出具证明文件重大失实罪。

册的决定，发现不符合法定条件或者法定程序，尚未发行证券的，应当予以撤销，停止发行。已经发行尚未上市的，撤销发行注册决定，发行人应当按照发行价并加算银行同期存款利息返还证券持有人"。但是，此种情况也存在不同情形，因此，需要区别对待。在发行时已获得有关部门核准，有关主管机构于发行期满后对核准予以撤销的情形下，虽然发行人未获得最终通过，但发行人的发行行为有法律依据，行为人主观上不具备犯罪意图，应按照《证券法》有关规定处理，不作擅自发行股票、公司、企业债券罪论处。在有关主管机构于发行期满前或发行过程中对核准予以撤销的情形下，发行人仍不停止证券发行行为的，其主观上不仅具备犯罪意图，且具有抗拒法律执行的故意，应按照擅自发行股票、公司、企业债券罪论处。三是，发行过程中获得核准的情形。发行人在尚未获得有关主管机构核准的情况下已开展发行，但在发行过程中获得核准，虽然前期的行为应视作擅自发行行为，但鉴于发行过程中取得了其发行行为的法律依据，因此，在取得核准的当时，擅自发行证券的法律事实已经消灭，不宜再视为擅自发行的证券。四是，在发行结束后获得核准的情形。行为人在未取得有关部门核准的情况下完成了发行活动，应该视为擅自发行行为，但在发行期结束后获得核准，此时，按照擅自发行股票、公司、企业债券罪论处与行政审批结果相左，但行政审批结果并不能构成对前一非法行为的合法性追认，笔者认为，在此情形下应按照擅自发行证券犯罪论处。五是，发行人超额发行的情形。此种情形又有两种情况：第一种情况是，发行人只超越发行数量发行。超额部分证券不宜视为擅自发行的证券。"未经国家有关主管部门批准"的规定，强调的是发行行为未获得法律依据，而对具体数量没有要求。当然，超过核准数量的发行本身也属证券违法行为，应当受到行政处罚。第二种情况是，发行人超越了发行证券范围的发行；其超越部分由于没有获得合法授权，属于擅自发行股票、公司、企业债券行为，数额巨大或者后果严重的，还可以追究刑事责任。

我国相关政策已将众筹证券划归为私募证券的范畴，其发行不须国家相关主管部门核准，但根据《私募股权众筹融资管理办法（试行）》（征求意见稿）第22条的规定，股权众筹平台应当在众筹项目自发布融资计划书之日起5个工作日内将融资计划书报市场监测中心备案，即对于证券发行事项采取事后备案的监管方式。这与公募证券发行中对发行证券的审批、核准程序有很大的差别。但是，该征求意见稿尚处于征求意见阶段，并未颁布实施，且效力层级较低，仅为行业协会制定的规范性准则，最终产生何种法律效果仍有待观察。

二、众筹证券与非法集资界限探析

（一）何为"非法集资"

1996年，最高人民法院在《关于审理诈骗案件具体应用法律的若干问题的解释》中提出了非法集资的概念。该解释规定："'非法集资'是指法人、其他组织或者个人，未经有权机关批准，向社会公众募集资金的行为。"1998年7月，国务院颁布《非法金融机构和非法金融业务活动取缔办法》对非法集资活动作了进一步补充和明确，包括：擅自从事非法吸收公众存款或者变相吸收公众存款活动，以任何名义向社会不特定对象进行的非法集资，非法发放贷款、办理结算、票据贴现、资金拆借、信托投资、金融租赁、融资担保、外汇买卖以及中国人民银行认定的其他非法金融业务活动。1999年1月，中国人民银行发布《关于取缔非法金融机构和非法金融业务活动中有关问题的通知》。该通知对非法集资作了更为明确的定义，规定："非法集资是指单位或者个人未依照法定程序经有关部门批准，以发行股票、债券、彩票、投资基金证券或其他债权凭证的方式向社会公众筹集资金，并承诺在一定期限内以货币、实物及其他方式向出资人还本付息或给予回报的行为。"2007年7月，国务院办公厅发布《国务院办公厅关于依法惩处非法集资有关问题的通知》，将非法集资的主要特征概括为：（1）未经依法批准，违规向社会筹集资金，如未经批准吸收社会资金，未经批准公开、非公开发行股票、债券等。（2）承诺在一定期限内给予出资人货币、实物、股权等形式的投资回报。（3）以合法形式掩盖非法集资目的。为掩饰其非法目的，往往与受害者签订合同，伪装成正常的生产经营活动。

通过观察可以发现，相关文件中对非法集资的界定已由定义转向特征归纳。这种转变产生的原因主要是非法集资情况复杂，表现形式多样且随着时代的发展，花样翻新，对其进行准确定义十分困难。有学者将非法集资活动定义为"通过正常融资渠道之外的其他方式获得社会公众资金的行为"。[1]但"正常渠道"的范围应如何界定，实难掌握。在我国目前的金融制度下，法律规定的融资渠道仅包括商业银行、股票、保险、信托、公司债券、企业债券、证券投资基金、短期融资券、证券公司集合理财计划等几类，[2]范围十分有限，因此，在资金压力难以缓解的情况下，"正常渠道"之外的融资方式层出不穷。2007年，国务院法制办公室负责人答新华社记者问时，将非法集资活动的类型和特征作了进一步的概括：（1）借种植、养殖、项目开发、庄园开发、生态环保投资等名义非法集资；（2）以发行或变相发行股票、债券、彩票、投资基金等权利凭证或者以期货交易、典当为名进行非法集资；（3）通过认领股份、入股分红进行非法集资；（4）通过会员卡、会员证、席位证、优惠卡、消费卡等方式进行非法集资；（5）以商品销售与返租、回购与转让、发展会员、商家加盟与"快速积分法"等方式进行非法集资；（6）利用民间"会""社"等组织或者地下钱庄进行非法集资；（7）利用现代电子网络技术构造的"虚拟"产品，如"电子商铺""电子百货"投资委托经营、到期回购等方式进行非法集资；（8）对物业、地产等资产进行等份分割，通过出售其份额的处置权进行非法集资；（9）以签订商品经销合同等形式进行非法集资；（10）利用传销或秘密串联的形式进行非法集资；（11）利用互联网设立投资基金的形式进行非法集资；（12）利用"电子黄金投资"形式进行非法集资。[3]

---

〔1〕 彭冰："非法集资活动规制研究"，载《中国法学》2008年第4期。

〔2〕 参见《中华人民共和国商业银行法》《信托公司集合资金信托计划管理办法》《证券法》《企业债券管理条例》《中华人民共和国保险法》《中华人民共和国证券投资基金法》等法律、法规和规章。

〔3〕 参见"坚决防范和打击非法集资等违法犯罪活动——全国人大常委会法制工作委员会和国务院法制办公室负责人答新华社记者问"，载 http://www.cbrc.gov.cn/chinese/home/docView/20070711AE45A3C069200E31FF162FB9A6EF8500.html，最后访问时间：2018年1月3日。

（二）非法集资者的法律责任

根据《防范和处置非法集资条例》规定，经调查认定属于非法集资的，处置非法集资牵头部门应当责令非法集资人、非法集资协助人立即停止有关非法活动；发现涉嫌犯罪的，应当按照规定及时将案件移送公安机关，并配合做好相关工作。根据处置非法集资的需要，处置非法集资牵头部门可采取下列措施：（1）查封有关经营场所，查封、扣押有关资产；（2）责令非法集资人、非法集资协助人追回、变价出售有关资产用于清退集资资金；（3）经设区的市级以上地方人民政府处置非法集资牵头部门决定，按照规定通知出入境边防检查机关，限制非法集资的个人或者非法集资单位的控股股东、实际控制人、董事、监事、高级管理人员以及其他直接责任人员出境。对非法集资人，由处置非法集资牵头部门处集资金额20%以上1倍以下的罚款，非法集资人为单位的，还可以根据情节轻重责令停产停业，由有关机关依法吊销许可证、营业执照或者登记证书，对其法定代表人或者主要负责人、直接负责的主管人员和其他直接责任人员给予警告，处50万元以上500万元以下的罚款。构成犯罪的，依法追究刑事责任。现行《刑法》中并没有规定"非法集资罪"，非法集资适用的罪名主要有三类：一是，《刑法》第179条规定的"擅自发行股票、公司、企业债券罪"，即未经国家有关主管部门批准，擅自发行股票或者公司、企业债券，数额巨大、后果严重或者有其他严重情节的，将承担刑事责任。该罪对于犯罪的载体要求较为严格，必须为股票或者公司、企业债券的形式，才能构成本罪。二是，《刑法》第192条规定的"集资诈骗罪"，即以非法占有为目的，使用诈骗方法非法集资，数额较大的，应当追究刑事责任。该罪要求行为人以非法占有为目的，证明行为人是否具有非法占有的目的是能否适用本罪的关键。三是，《刑法》第176条规定的"非法吸收公众存款罪"中投资人的身份不是被害人，其基于对价原则进行投资所换取的是债权，案发后债权虽然存在实现困难的问题，但行为人主观上并没有非法占有他人财物的故意，而对于行为人的刑事处罚则源于国家对金融管理秩序的严格规制。

（三）非法集资与众筹证券的界限

在笔者看来，非法集资和众筹证券发行容易混淆的原因是在构成要件上的相似性。一是，二者均表现为未经有权机关批准的融资行为。众筹证券相关政策尚未"落地"，因此，目前的众筹证券发行尚处于无准入门槛、无行业标准、无监管机构的"三无"状态，2014年的《私募股权众筹融资管理办法（试行）》（征求意见稿）也规定，众筹证券的发行无需监管部门的审批同意，也无需履行注册程序，只需事后备案即可。二是，二者都表现为发行、销售"股份、股权、债券、投资合同"的融资形式。国务院法制办公室于2007年将"以发行或变相发行股票、债券、彩票、投资基金等权利凭证或者以期货交易、典当为名进行非法集资"以及"通过认领股份、入股分红进行非法集资"的融资形式归入非法集资活动类型，众筹证券作为不需经国家有关部门审批的私募证券类型，实践中，难免因为融资形式上与非法集资行为的相似性而受到一定程度上的质疑。三是，二者均可能承诺一定期限内给予出资人回报。此种情形可发生在借贷众筹证券的发行、销售过程中。若某初创企业以发行债券的形式进行融资，一般将会作出固定收益的回报承诺。但是，从立法、政策导向看，非法集资和众筹证券存在着若干差异：一是，发行、销售对象不同。非法集资面向不特定公众，发行对象一般为200人以上，而众筹证券由于被限定在私募发行范围内，因此，发行对象为200人以下的合格投资者。二是，融资活动性质可能存在差异。非法集资活动按性质可分为两大类：一类是有正常融资需求的集资，另一类是行为人并无融资需求，只是利用非法集资活动骗取他人财物的诈骗行为。众筹证券融资要求筹资者必须有正常、合法的融资需求，同时，众筹平台还负有对筹资者融资合法性进行调查、核实的义务。[1]三是，在承诺回报形式方面有所不同，非法集资一般会给出回报、收益的"保底条款"，但是，众筹证券作为私募证券的一种形式，相关规

---

〔1〕《私募股权众筹融资管理办法（试行）》（征求意见稿）第8条规定："股权众筹平台应当履行下列职责：（一）勤勉尽责，督促投融资双方依法合规开展众筹融资活动、履行约定义务；（二）对投融资双方进行实名认证，对用户信息的真实性进行必要审核；（三）对融资项目的合法性进行必要审核；……"

定禁止回报、收益的保底承诺。[1]

虽然非法集资和众筹证券存在上述差异，但在实践中却难以清晰辨别这些差异和不同。首先，我国现行法律法规对特定对象缺乏明确定义，特定对象究竟是指合格投资者还是指其他主体，相关法律法规没有规定，因此，在实践中容易造成判断失误。例如，最高人民检察院、公安部发布的《关于公安机关管辖的刑事案件立案追诉标准的规定（二）》第34条规定，"未经国家有关主管部门批准，擅自发行股票或公司、企业债券，涉嫌下列情形之一的，应予立案追诉：（一）发行数额在50万元以上的；（二）虽未达到上述数额标准，但擅自发行致使30人以上的投资者购买了股票或者公司、企业债券的"。但根据《证券法》规定，"向特定对象发行证券累计不超过200人的"属于合法的私募发行行为。究竟该如何判断，只能通过是否具有真实的融资需求及该需求是否合法来进行判断，但这种对行为人主观目的的考察、判断更容易陷入循环论证的逻辑误区，原因在于非法集资的前提条件即为证明集资者具有非法集资目的。

行为性质的相似性、差异的模糊性以及法规本身的不完善，使得非法集资与众筹证券发行、销售活动在实践中出现了难以准确区分的困局。究其根源，或许是非法集资监管制度本身在设计上存在缺陷。"除了那些以非法占有为目的的集资诈骗活动外，对于存在合理需求的非法集资活动不应一味禁止。"[2]笔者认为就此问题，一方面，需要出台相应的管理规则对其进行规范，另一方面，更为重要的是颁布安全港规则，划定合法众筹与集资诈骗罪、非法吸收公众存款罪、擅自发行股票或公司、企业债券罪的边界，引导中国众筹证券业界采取合法、适当的商业模式，以保护投资者的合法权益。

三、众筹证券刑事责任领域的司法实践

伴随着经济发展和互联网平台的兴起，部分民事主体打着金融创新的

---

〔1〕《私募股权众筹融资管理办法（试行）》（征求意见稿）第13条规定："融资者不得有下列行为：（一）欺诈发行；（二）向投资者承诺投资本金不受损失或者承诺最低收益；……"

〔2〕彭冰："非法集资活动的刑法规制"，载《清华法学》2009年第3期。

幌子，利用互联网平台的便利，以金融创新、众筹投资等名义通过线上吸收资金，扰乱金融秩序，欺诈投资者。司法机关针对这些违法行为，加大打击力度，处理了一批典型案件，有效地打击犯罪的同时，也推动了金融创新的规范发展。

（一）中宝投资公司周某集资诈骗案

1. 案件概况

2011 年 2 月，周某注册成立中宝投资公司，担任法定代表人。公司上线运营中宝投资网络平台，借款人（发标人）在网络平台注册、缴纳会费后，可发布各种招标信息，吸引投资者投资。投资者在网络平台注册成为会员后可参与投标，通过银行汇款、支付宝、财付通等方式将投资款汇至周某公布在网站上的 8 个其个人账户或第三方支付平台账户。借款人可直接从周某处取得所融资金。项目完成后，借款人返还资金，周某将收益给予投标人。运行前期，周某通过网络平台为 13 个借款人提供总金额约 170 万元的融资服务，因部分借款人未能还清借款造成公司亏损。此后，周某除用本人真实身份信息在公司网络平台注册 2 个会员外，自 2011 年 5 月至 2013 年 12 月陆续虚构 34 个借款人，并利用上述虚假身份自行发布大量虚假抵押标、宝石标等，以支付投资者约 20% 的年化收益率及额外奖励等为诱饵，向社会不特定公众募集资金。所募资金未进入公司账户，全部由周某个人掌控和支配。除部分用于归还投资者到期的本金及收益外，其余主要用于购买房产、高档车辆、首饰等。这些资产绝大部分登记在周某名下或供周某个人使用。2011 年 5 月至案发，周某通过中宝投资网络平台累计向全国 1586 名不特定对象非法集资共计约 10.3 亿元，除支付本金及收益回报约 6.91 亿元外，尚有约 3.56 亿元无法归还。

2014 年 7 月 15 日，浙江省衢州市公安局以涉嫌集资诈骗罪将周某移送衢州市人民检察院审查起诉。本案中，公诉人出示了四组证据：一是被告人周某的立案情况及基本信息；二是中宝投资公司的发标、招投标情况及相关证人证言；三是集资情况的证据，包括银行交易清单、司法会计鉴定意见书等；四是集资款的去向，包括购买车辆、房产等物证及相关证人证言。

公诉人认为，被告人周某注册网络借贷信息平台，早期从事少量融资信息服务。在公司亏损、经营难以为继的情况下，虚构借款人和借款标的，以欺诈方式面向不特定投资者吸收资金，自建资金池。辩护人提出，一是周某行为系单位行为；二是周某一直在偿还集资款，主观上不具有非法占有集资款的故意；三是周某利用互联网从事 P2P（互联网借贷平台）借贷融资，不构成集资诈骗罪，构成非法吸收公众存款罪。公诉人针对辩护意见进行答辩：第一，中宝投资公司是由被告人周某控制的一人公司，不具有经营实体，不具备单位意志，集资款未纳入公司财务进行核算，而是由周某一人掌控和支配，因此周某的行为不构成单位犯罪。第二，周某本人主观上认识到资金不足，少量投资赚取的收益不足以支付许诺的高额回报，没有将集资款用于生产经营活动，而是主要用于个人肆意挥霍，其主观上对集资款具有非法占有的目的。第三，P2P 网络借贷，是指个人利用中介机构的网络平台，将自己的资金出借给资金短缺者的商业模式。根据中国银监会、工业和信息化部、公安部、国家互联网信息办公室制定的《网络借贷信息中介机构业务活动管理暂行办法》等监管规定，P2P 作为新兴金融业态，必须明确其信息中介性质，平台本身不得提供担保，不得归集资金搞资金池，不得非法吸收公众资金。周某吸收资金建资金池，不属于合法的 P2P 网络借贷。非法吸收公众存款罪与集资诈骗罪的区别，关键在于行为人对吸收的资金是否具有非法占有的目的。利用网络平台发布虚假高利借款标募集资金，采取借新还旧的手段，短期内募集大量资金，不用于生产经营活动，或者用于生产经营活动与筹集资金规模明显不成比例，致使集资款不能返还的，是典型的利用网络中介平台实施集资诈骗行为。周某采用编造虚假借款人、虚假投标项目等欺骗手段集资，所融资金未投入生产经营，大量集资款被其个人肆意挥霍，具有明显的非法占有目的，其行为构成集资诈骗罪。

2. 法院判决及裁判理由

法庭经审理，认为公诉人出示的证据能够相互印证，予以确认。2015

年 8 月 14 日，浙江省衢州市中级人民法院作出一审判决，以集资诈骗罪判处被告人周某有期徒刑 15 年，并处罚金 50 万元。继续追缴违法所得，返还各集资参与人。一审宣判后，浙江省衢州市人民检察院认为，被告人周某非法集资 10.3 亿余元，属于《刑法》规定的集资诈骗数额特别巨大并且给人民利益造成特别重大损失的情形，依法应处无期徒刑或者死刑，并处没收财产，一审判决量刑过轻，2015 年 8 月 24 日向浙江省高级人民法院提出抗诉。被告人周某不服一审判决，提出上诉。其上诉理由是量刑畸重，应判处缓刑。本案二审期间，2015 年 8 月 29 日，第十二届全国人大常委会第十六次会议审议通过了《中华人民共和国刑法修正案（九）》，删去《刑法》第 199 条关于犯集资诈骗罪"数额特别巨大并且给国家和人民利益造成特别重大损失的，处无期徒刑或者死刑，并处没收财产"的规定。《中华人民共和国刑法修正案（九）》于 2015 年 11 月 1 日起施行。浙江省高级人民法院经审理后认为，《中华人民共和国刑法修正案（九）》取消了集资诈骗罪判处死刑的规定，根据从旧兼从轻原则，一审法院判处周某有期徒刑 15 年符合修订后的法律规定。上诉人周某具有集资诈骗的主观故意及客观行为，原审定性准确。2016 年 4 月 29 日，二审法院作出裁定，维持原判。终审判决作出后，周某及其父亲不服判决提出申诉，浙江省高级人民法院受理申诉并经审查后，认为原判事实清楚，证据确实充分，定性准确，量刑适当，于 2017 年 12 月 22 日驳回申诉，维持原裁判。

（二）望洲集团杨某某等人非法吸收公众存款案

1. 案件概况

自 2013 年 9 月起，望洲集团开始在线下进行非法吸收公众存款活动。2014 年，杨某某利用其实际控制的公司又先后成立上海望洲财富投资管理有限公司（以下简称望洲财富）、望洲普惠投资管理有限公司（以下简称望洲普惠），通过线下和线上两个渠道开展非法吸收公众存款活动。其中，望洲普惠主要负责发展信贷客户（借款人），望洲财富负责发展不特定社会公众成为理财客户（出借人），根据理财产品的不同期限约定 7%～15%

不等的年化利率募集资金。在线下渠道，望洲集团在全国多个省、市开设门店，采用发放宣传单、举办年会、发布广告等方式进行宣传，理财客户或者通过与杨某某签订债权转让协议，或者通过匹配望洲集团虚构的信贷客户借款需求进行投资，将投资款转账至杨某某个人名下42个银行账户，被望洲集团用于还本付息、生产经营等活动。在线上渠道，望洲集团及其关联公司以网络借贷信息中介活动的名义进行宣传，理财客户根据望洲集团的要求在第三方支付平台上开设虚拟账户并绑定银行账户。理财客户选定投资项目后将投资款从银行账户转入第三方支付平台的虚拟账户进行投资活动，望洲集团、杨某某及望洲集团实际控制的担保公司为理财客户的债权提供担保。望洲集团对理财客户虚拟账户内的资金进行调配，划拨出借资金和还本付息资金到相应理财客户和信贷客户账户，并将剩余资金直接转至杨某某在第三方支付平台上开设的托管账户，再转账至杨某某开设的个人银行账户，与线下资金混同，由望洲集团支配使用。因资金链断裂，望洲集团无法按期兑付本息。截至2016年4月20日，望洲集团通过线上、线下两个渠道非法吸收公众存款共计64亿余元，未兑付资金共计26亿余元，涉及集资参与人13 400余人。其中，通过线上渠道吸收公众存款11亿余元。

该案中，公诉机关通过出示书证、审计报告、电子数据、证人证言、被告人供述和辩解等证据，证实望洲集团的线上业务归集客户资金，设立资金池并进行控制、支配、使用，不是网络借贷信息中介业务。证据主要围绕以下几个方面：一是，第三方支付平台赋予望洲集团对所有理财客户虚拟账户内的资金进行冻结、划拨、查询的权限。线上理财客户在合同中也明确授权望洲集团对其虚拟账户内的资金进行冻结、划拨、查询，且虚拟账户销户需要望洲集团许可。二是，理财客户将资金转入第三方平台的虚拟账户后，望洲集团每日根据理财客户出借资金和信贷客户的借款需求，以多对多的方式进行人工匹配。当理财客户资金总额大于信贷客户借款需求时，剩余资金划入杨某某在第三方支付平台开设的托管账户。望洲集团预留第二天需要支付的到期本息后，将剩余资金提现至杨某某的银行账户，用于线下非法吸收公众存款活动或其他经营活动。三是，信贷客户的借款期限与理财客户的出借期限不匹配，存在期限错配等问题。四是，杨某某及其控制的公司承诺为信贷客户提供担保，当信贷客户不能按时还本付息时，杨某某保证在债权期限届满之日起3个工作日内代为偿还本金和利息。实际操作中，归还出借人的资金都来自线上的托管账户或者杨某某用于线下经营的银行账户。五是，望洲集团通过多种途径向不特定公众进行宣传，发展理财客户，并通过明示年化收益率、提供担保等方式承诺向理财客户还本付息。

法庭辩论阶段，公诉人发表公诉意见，论证杨某某等被告人构成非法吸收公众存款罪，起诉书指控的犯罪事实清楚，证据确实、充分。其中，望洲集团在线上经营所谓网络借贷信息中介业务时，承诺为理财客户提供保底和增信服务，获取对理财客户虚拟账户内资金进行冻结、划拨、查询等权限，归集客户资金设立资金池，实际控制、支配、使用客户资金，用于还本付息和其他生产经营活动，超出了网络借贷信息中介的业务范围，属于变相非法吸收公众存款。杨某某等被告人明知其吸收公众存款的行为未经依法批准而实施，具有犯罪的主观故意。杨某某认为望洲集团的线上业务不构成犯罪，不应计入犯罪数额。杨某某的辩护人认为，国家允许P2P行业先行先试，望洲集团设立资金池、开展自融行为的时间在国家对P2P业务进行规范之前，没有违反刑事法律，属民事法律调整范畴，不应受到刑事处罚，犯罪数额应扣除通过线上模式流入的资金。

公诉人针对杨某某及其辩护人的辩护意见进行答辩：望洲集团在线上开展网络借贷中介业务已从信息中介异化为信用中介，望洲集团对理财客户投资款的归集、控制、支配、使用以及还本付息的行为，本质与商业银行吸收存款业务相同，并非国家允许创新的网络借贷信息中介行为，不论国家是否出台有关网络借贷信息中介的规定，未经批准实施此类行为，都应当依法追究刑事责任。因此，线上吸收的资金应当计入犯罪数额。

（1）向不特定社会公众吸收存款是商业银行专属的金融业务，任何单位和个人未经批准不得实施。根据《中华人民共和国商业银行法》第11

条规定，未经国务院银行业监督管理机构批准，任何单位和个人不得从事吸收公众存款等商业银行业务，这是判断吸收公众存款行为合法与非法的基本法律依据。任何单位或个人，包括非银行金融机构，未经国务院银行业监督管理机构批准，面向社会吸收公众存款或者变相吸收公众存款均属非法。为了解决传统金融机构覆盖不了、满足不好的社会资金需求，缓解个体经营者、小微企业经营当中的小额资金困难，国务院金融监管机构于2016年发布了《网络借贷信息中介机构业务活动管理暂行办法》等"一个办法、三个指引"，允许单位或个人在规定的借款余额范围内通过网络借贷信息中介机构进行小额借贷，并且对单一组织、单一个人在单一平台、多个平台的借款余额上限作了明确限定。检察机关在办案中要准确把握法律法规、金融管理规定确定的界限、标准和原则精神，准确区分融资借款活动的性质，对于违反规定达到追诉标准的，依法追究刑事责任。

（2）金融创新必须遵守金融管理法律规定，不得触犯《刑法》规定。金融是现代经济的核心和血脉，金融活动引发的风险具有较强的传导性、扩张性、潜在性和不确定性。为了发挥金融服务经济社会发展的作用，有效防控金融风险，国家制定了完善的法律法规，对商业银行、保险、证券等金融业务进行严格的规制和监管。金融也需要发展和创新，但金融创新必须有效地防控可能产生的风险，必须遵守金融管理法律法规，尤其是依法须经许可才能从事的金融业务，不允许未经许可而以创新的名义擅自开展。检察机关办理涉金融案件，要深入分析、清楚认识各类新金融现象，准确把握金融的本质，透过复杂多样的表现形式，准确区分是真的金融创新还是披着创新外衣的伪创新，是合法金融活动还是以金融创新为名实施金融违法犯罪活动，为防范化解金融风险提供及时、有力的司法保障。

（3）网络借贷中介机构非法控制、支配资金，构成非法吸收公众存款。网络借贷信息中介机构依法只能从事信息中介业务，为借款人与出借人实现直接借贷提供信息搜集、信息公布、资信评估、信息交互、借贷撮合等服务。信息中介机构不得提供增信服务，不得直接或间接归集资金，包括设立资金池控制、支配资金或者为自己控制的公司融资。网络借贷信息中介机构利用互联网发布信息归集资金，不仅超出了信息中介业务范围，同时也触犯了《刑法》第176条的规定。检察机关在办案中要通过对网络借贷平台的股权结构、实际控制关系、资金来源、资金流向、中间环节和最终投向的分析，综合全流程信息，分析判断是规范的信息中介，还是假借信息中介名义从事信用中介活动，是否存在违法设立资金池、自融、变相自融等违法归集、控制、支配、使用资金的行为，准确认定行为性质。

2. 法院判决及裁判理由

2017年2月15日，浙江省杭州市江干区人民检察院以非法吸收公众存款罪对杨某某等4名被告人依法提起公诉，杭州市江干区人民法院公开开庭审理本案。法庭认为，望洲集团以提供网络借贷信息中介服务为名，实际从事直接或间接归集资金，甚至自融或变相自融行为，本质是吸收公众存款。判断金融业务的非法性，应当以现行刑事法律和金融管理法律规定为依据，不存在被告人开展P2P业务时没有禁止性法律规定的问题。望洲集团的行为已经扰乱金融秩序，破坏国家金融管理制度，应受刑事处罚。2018年2月8日，杭州市江干区人民法院作出一审判决，以非法吸收公众存款罪，分别判处被告人杨某某有期徒刑9年6个月，并处罚金50万元；判处被告人刘某某有期徒刑4年6个月，并处罚金10万元；判处被告人吴某有期徒刑3年，缓刑5年，并处罚金10万元；判处被告人张某某有期徒刑3年，缓刑5年，并处罚金10万元。在案扣押冻结款项分别按损失比例发还；在案查封、扣押的房产、车辆、股权等变价后分别按损失比例发还。不足部分责令继续退赔。宣判后，被告人杨某某提出上诉后又撤回上诉，一审判决已生效。

第五章

众筹证券立法建议

2018 年初，中关村众筹联盟发布了《2018 互联网众筹行业现状与发展趋势报告》，报告显示，截至 2017 年 12 月底，全国众筹平台共计 280 家，相比 2016 年同期下降比例约为 33%，降幅明显。其中，股权众筹平台下降 76 家，与 2016 年同期相比减少 42 家，降幅高达 36%。据不完全统计，2017 年全国新增众筹平台仅有 25 家，同比 2016 年下降约 83%；倒闭平台 180 家，同比 2016 年下降约 13%；转型或下架平台 20 家，同比 2016 年下降约 78%。

通过众筹活动募集资金金额方面，2017 年全国众筹行业融资金额达到 215.78 亿元，同比 2016 年约下降 5%。2017 年全国股权众筹成功融资金额为 142.2 亿元，同比 2016 年减少 14.4 亿元，下降 9%。众筹项目的参与人数规模方面，2017 年底参与人数为 2639.55 万人，同比 2016 年底下降约 52%。

综合来看，众筹行业在 2015 年后呈现行业洗牌态势，大量不规范的平台被淘汰，用户体验好、项目质量控制严格的平台逐步脱颖而出，通过帮助更多创业项目筹集资金而逐步成为头部平台。因此，即使众筹平台数量在 2017 年、2018 年大幅减少，但整体融资金额却并未大幅下跌。而劣质平台的退出，促使投资者更加理性地认识众筹和众筹行业。虽然投资者参与的热情有所降低，众筹投资者数量锐减，但从另一个角度讲，也是通过市场的力量对合格投资者进行了自然甄别和筛选。[1]

---

〔1〕 "2018 互联网众筹行业现状与发展趋势报告发布"，载 https://www.sac.net.cn/tzzyd/zxsd/scyw/201801/t20180115_134175.html，最后访问时间：2021 年 6 月 20 日。

综观众筹行业发展的十年，我们逐渐认识到众筹证券法律规制应在提高众筹市场融资效率与保护众筹投资者之间争取平衡，因此，在立法方面，应以此目标为中心具体设计法律制度。

第一节 众筹证券规制目标、原则

证券监管的目标是任何对证券监管的考察都不能绕开的一个基本命题。对证券监管目标的不同定位将直接影响监管制度设计。2017 年，国际证监会组织修订的《证券监管目标和原则》指出，证券监管的基本目标有三点：一是保护投资者利益；二是保证市场公平、高效和透明；三是减少系统性风险。投资者应免受因误导、操纵或欺诈行为造成的损失。在确保市场公正、有效和透明方面，有关交易所、交易系统运营者和交易规则的建立，应征得监管机构同意，这有助于确保市场的公正性；监管机构应确保投资者享有使用市场设施、了解市场及价格信息的平等机会并提高市场效率；同时，监管机构应确保最高的透明度，交易前、交易后的信息应实时公布。[1]众筹证券属于证券的一种，证券监管的基本目标同样也适用于众筹证券市场。

一、目标：投资者保护与市场效率的平衡

（一）单一目标无法实现有效监管

监管目标的定位不同，标志着国家或地区对监管制度的设计、建设方向将有所差异。目前，关于证券监管的目标定位可分为两种：一是，将监管目标定位于保护投资者，保护投资者免受因误导、操纵或欺诈，包括内幕交易行为、非法挪用客户资产行为等造成的损失。但反对者主张，证券监管法不是消费者保护法，对它的学术分析应建立在证券监管的终极目标，

---

〔1〕 Objectives and Principles of Securities Regulation, http://www.iosco.org/library/pubdocs/pdf/IOSCOPD154.pdf, last visited Jan. 4, 2015.

即建立有效金融市场、提高资源分配效率的基础之上。[1]二是，将监管目标定位于保护投资者的分析范式采用的是公共利益理论，理论前提是监管者应该是利他主义者。这意味着，监管者的私利对保护投资者监管目标的实现不构成影响，监管者的报酬和偏好不被考虑在可能影响监管目标实现的因素中。[2]将市场效率作为监管目标的分析范式采用了法律经济分析方法，理论前提是有效市场假设。然而，随着现代金融学的发展，该目标定位正受到行为金融理论对其产生的巨大挑战。

我国《证券法》第1条明确规定："为了规范证券发行和交易行为，保护投资者的合法权益，维护社会经济秩序和社会公共利益，促进社会主义市场经济的发展，制定本法。"由此可见《证券法》维护公众利益的立法意图。公共利益理论认为，并不存在纯粹的市场经济，自由竞争市场机制并不能带来资源的最有效配置，甚至可能造成资源浪费和社会福利损失。同时，肯定了政府干预的合理性和有效性，公共利益理论认为，政府管制是为了解决"市场失灵"，以促进资源优化配置，最大限度地增进社会福利。证券市场监管者作为社会公众、纳税人和市场参与者的代理人，通过运用法律、税收等措施，指引金融机构改变财富分配，改善社会福利；通过重构私人市场结构与秩序，协调金融业务以节约资源，防止产业垄断化，从而消除市场失灵，促使证券市场机制的健全运行。因此，在公共利益理论中，监管机构、监管者是无私、利他的，其所追求的利益是社会公共利益。因此，在证券监管中，监管者是全体市场参与者的利益代表，不仅保护中小投资者的利益，也维护上市公司、中介机构和其他市场参与者的合法权益。[3]然而，施蒂格勒（Stigler）通过一项实证研究发现，监管机构主要不是对公共需要合理、有效的反映，政府监管是为满足特殊利益集团的需要而产生的，是经济主体利用政府监管为自己谋取利益的工具。

---

[1]　宋晓燕："证券监管的目标和路径"，载《法学研究》2009年第6期。

[2]　岳彩申、王俊："监管理论的发展与证券监管制度完善的路径选择"，载《现代法学》2006年第2期。

[3]　岳彩申、王俊："监管理论的发展与证券监管制度完善的路径选择"，载《现代法学》2006年第2期。

他的这一观点后来得到了芝加哥学派其他学者的发展。他们认为，监管者也是"经济人"，也追求私利。[1]作为个体，他们也追求个体利益，作为机构，它们也存在着部门利益。而不论是个体利益，抑或是部门利益，都与社会公共利益存在某种程度的冲突或是不协调。这意味着，"利他"并不能作为监管制度设计的可靠前提。同时，监管者的独立性也是公共利益理论所强调的，传统公共利益理论假设监管者利益与监管目标没有任何冲突和矛盾，在此前提下，监管者追求社会公共利益的行动将不受任何内部或外界因素的影响。然而，在现实中，由于证券市场的复杂性，监管者仍然不能完全摆脱其与被监管者之间的各种利益关系，因此，监管者的独立性问题仍然值得考量。

有效市场假说的确立以法玛（Fama）发表的《有效资本市场：对理论和实证工作的评价》为标志。[2]在有效市场假定下，证券市场价格主要反映了如下市场特征：一是投资者理性；二是价格反映了所有公开信息；三是价格收益率遵循随机游动原则。[3]然而，实践中，人们并不总是理性的。明显的例子是许多投资者，特别是中小投资者投资决策依据的是"噪音"而非信息，这些所谓的"噪音交易者"并不是偶然偏离理性，而是经常以同样的方式偏离，它们的交易行为有很大的相关性，从而导致"羊群效应"及·"过度反应"的经常出现。与噪音交易者相似，流动性交易者也不关注信息，而是根据个人和家庭的储蓄和消费计划来分配资金。在许多情况下，也很难区分噪音交易者与真正的信息交易者。因此，证券市场的运行是理性与非理性共同运作的结果，只是在成熟的市场中理性的成分更大，市场也更趋向于有效罢了。而且，价格也不反映所有公开信息，信息并不是引起股价波动的唯一因素，除了信息之外，还有许多因素会引起股价的波动。这一点在许多国家的证券市场中都能找到证据，会出现在消息

---

〔1〕 杨凤："政府监管的一种规范分析——传统公共利益理论述评及其政策应用"，载《经济纵横》2007 年第 24 期。

〔2〕 周文、李友爱："西方有效市场理论及评述"，载《财经理论与实践》1999 年第 1 期。

〔3〕 周宏：《资本市场效率：理论和经验研究》，东北财经大学出版社 2005 年版，第 25 页。

面很平静的情况下，市场突然出现大幅波动的情况。[1]虽然各国法律和监管都严格打击内幕交易行为，但禁止内幕交易的法律也不可能完全消除内幕交易。在成熟市场，由于法律及监管更加严厉，内幕交易对市场的影响较小。而在不发达市场，内幕交易会产生极大的破坏性，甚至会影响市场的运行。

由此可见，单独将投资者保护或提高市场效率作为监管目标是不现实的，也无法收到良好的监管效果。在单一目标无法实现有效监管的前提下，众筹证券市场的监管目标需要将投资者保护与提高市场效率相平衡。不能过分强调投资者保护而降低市场效率，也不能过度关注提高市场效率而对投资者保护不足，这将导致投资者远离市场。

（二）众筹证券监管目标分析

1. 国际证监会组织证券监管目标解读

2017 年，国际证监会组织修订的《证券监管目标和原则》[2]指出，证券监管的基本目标有三点：一是保护投资者利益；二是保证市场公平、高效和透明；三是减少系统性风险。

在保护投资者利益方面，国际证监会组织认为，充分的信息披露是为投资者决策提供的最有效的保护，从而使他们能够更好地评估潜在的风险和投资报酬，以确保自身利益。国际证监会组织指出，对于信息披露的关键内容应当有明确的会计和审计标准，且符合国际准则要求。只有经正式许可或授权的人士才能向公众提供投资服务，例如，作为市场中介机构或交易所的运营商。初始和持续的资本要求有利于确保相应的中介机构和服务机构有足够的能力为投资者提供适当的服务。中介机构的监管应通过设定最低标准来保障市场参与者的利益。投资者应在此标准之上，获得公正和公平的对待。投资者在证券市场尤其容易受到中介机构和他人不当行为的影响，但个人投资者采取行动的能力可能会受到限制。此外，证券交易和欺诈计划的复杂性，需要证券法律、法规强有力的执行。凡违反法律的

---

〔1〕 王家华、李东、高桂珍："有效市场理论与证券分析理论的适用性比较"，载《财经科学》2004 年第 5 期。

〔2〕 Objectives and Principles of Securities Regulation，http://www.iosco.org/library/pubdocs/pdf/IOSCOPD154.pdf，last visited Jan. 4，2018.

情形确实发生，投资者应该通过寻求强有力的执法来保护自身利益。对此，监管机构的检查、监督必不可少。而对于受到侵害的投资者的损失补救和利益补偿应通过中立机构（如法院或其他争议解决机制）来实现。

在保证市场公平、高效和透明方面，监管机构应通过改善交易系统和交易规则来保障市场的公平。市场的公平性与投资者保护密切相关，尤其应当防范不正当交易行为，以及为特定市场参与者提供不公平的市场待遇。监管机构应对操纵市场和其他不公平交易行为进行制止和处罚，并确保投资者平等获取市场价格信息和参与机会，通过进一步的行动来确保公平交易秩序和价格形成机制的可靠性。

监管机构应该促进市场效率的提高。在一个有效市场内，相关信息的传播是及时的、广泛的，并能充分反映价格形成过程。透明度是指公众能够实时获取交易信息，包括交易前、交易后的信息。交易前信息涉及证券的报价和出价，通过信息发布手段使投资者获知准确的报价以利于其作出决策，交易后信息与交易价格和交易量有关，应对此提供最高的透明度。

在减少系统性风险方面，虽然监管机构不能防止所有中介机构的财务失败，但可以通过对净资本和内部控制的严格要求来降低财务失败的可能性。监管机构应促进有效的风险管理并利用有效的风险管理工具以及快速、准确的清算和结算过程，适当监督金融中介机构的冒险行为。

除了以上三项监管目标以外，各国应根据其自身的不同情况制定其监管目标。除了在所发布文件中得到表达的监管目标以外，尚有若干目标可能并未进入《证券监管目标和原则》的文本中，但却实际在发生作用，因此，对于一国具体的监管目标应当具体分析。

2. 我国众筹证券监管目标分析

（1）提高小微企业融资效率。

过去几十年，我国小微企业经历了快速增长，占企业总数99%的小微企业上缴了国家50%的税收，解决了80%的就业问题。[1]小微企业作为国

---

〔1〕 参见郑季良、曾荣："循环经济下科技型小微企业协同创新模式及对策研究"，载《科技进步与决策》2014年第2期。

民经济中的一支重要力量对社会发展和人民生活具有举足轻重的作用。但由于金融体制问题，这些企业一直面临着融资渠道狭窄的问题。目前，我国企业的融资渠道主要还是银行贷款，少量实力雄厚、发展规范的企业通过在公开市场发行股票、债券的方式融资，另外，信托产品和民间借贷也是可以选择的融资方式。由于小微企业规模小、经营风险高、缺乏担保抵押品，因此难以获得银行的青睐。有资料表明，"我国银行贷款主要投放对象为大中型企业，据统计，大型企业贷款覆盖率为100%，中型企业为90%，小企业则仅为20%，微型企业更少"。[1]

为了解决小微企业融资难问题，监管层一直在设计和推动多层次资本市场的建设。而众筹证券市场就是多层次资本市场的重要组成部分。与传统的资本市场如银行信贷、交易所市场直接融资相比，与互联网结合的众筹融资模式更具有便捷性、普惠性的特点，可以有效拓宽小微企业融资渠道，加快融资速度，降低融资门槛。围绕提高小微企业融资效率的目标，笔者认为，规范项目信息发布程序、证券交易、转售程序、信息披露规则是监管层的当务之急。在众筹证券市场信息披露规制路径的选择上也应当避免"过度监管"和"过度放任"。一方面，应制定规则要求发行人按照规定格式披露初创企业的关键信息，如历史沿革、股权架构、公司制度、财务状况等；另一方面，应考虑到众筹证券发行人具有规模小、抗风险能力弱、对信息披露成本的敏感性强的特征，允许发行人自愿选择是否披露非关键信息。强制披露与自愿披露并举，一方面有利于克服众筹证券市场信息不对称的缺陷，保护投资者；另一方面也有利于初创企业节约信息披露成本，促进企业发展。在众筹证券交易、转售程序方面，作为私募证券品种之一的众筹证券所依托的转售制度基础相当薄弱。有必要在转售合格出让人标准、转售合格受让人标准、转售方式、转售市场、转售市场规则、转售出让人及受让人信息披露、转售证券备案登记、转售违法行为制裁及民事救济措施方面予以具体规定。毕竟，众筹证券市场不同于交易所

---

〔1〕　顾光、马媛媛："科技型小微企业财政支持政策研究"，载《科技进步与决策》2013年第18期。

市场，其交易对象的风险性较大，仅对发行认购人进行限制并不能达到充分保护投资者的目的，在发行后的转售端进行明确规制才能达成保护众筹证券一、二级市场交易投资者的目的。

（2）保护众筹证券投资者合法权益。

成熟市场经济国家或者地区证券市场的投资者保护体系可分为四个方面：一是投资者的自我保护；二是市场自律保护；三是社会团体保护；四是国家行政与法律法规的保护。[1]

①投资者的自我保护。

投资者的自我保护是投资者保护的题中之义，可建立起较为安全可靠的第一道防线。原因在于：首先，任何法律制度都不可能是完美无缺的，法律常常无法规制尚未纳入规则体系的新生事物，行政监管也会出现监管死角和漏洞。有时，在法律和行政监管成本超过投资者所受损失的情况下，也无法给投资者所受损失以适当的弥补；况且，在立法者、监管者私人利益、部门利益客观存在的前提下，他们并不总是"一心为公"的，作为个体，存在着个体利益，作为机构，存在着部门利益。不管是个体利益，还是部门利益，这意味着，他们都有被俘获、监管不当、监管过度的可能性。其次，仅仅依靠监管者的"利他"性，不能有效保护自身利益。况且，证券投资风险的客观存在也要求"买者自行小心"。投资者必须对交易活动自担风险，因此，必须审慎对待证券投资事务，投资者需要通过认知、了解、掌握、运用法律法规、证券相关知识和投资信息，不断提高自我保护能力。SEC提醒投资者必须清楚了解投资存在的风险，并在其网站上为公众提供了许多教育信息，如证券市场产品介绍、仲裁机构及其相应规则、防范欺诈知识、内幕交易、欺诈的防范和建议等。SEC网站也提供了上市公司披露文件查询、援助专家答疑及投诉和建议处理办法等投资者可以利用来保护自身权益的方法和渠道。

---

〔1〕 何庆元："证券投资者保护的国际比较研究"，载陈其炎主编：《证券投资者保护优秀论文集》，中国财政经济出版社2008年版，第37页。

②市场自律保护。

市场自律保护是指通过发行人、证券经营机构、投资服务机构认真履行法定、约定义务，规范运作、严格自律来保护投资者合法权益。自律是指监管机构和投资者之外的证券市场参与者相互之间的规范和制约，也是证券市场实现秩序化和规范化的重要手段。其最大的优点在于高效性，能够及时对发生的问题迅速作出反应，且处理问题更富有弹性，更有利于全面、及时、有效地保护投资者利益。自律组织通过出台自律性规定提供了针对某一特定领域作出局部法律性安排的可能性；自律组织依靠建立更加灵活的处理投资者投诉和建议的程序对违法现象进行有效干预。这是仅靠监管机构所难以做到的，是法律和监管机构对投资者保护的有力补充。虽然，法律和监管机构具有安全、公平的优势，但效率不高是其最大缺陷，而自律组织由于处于证券市场的第一线，更了解市场、产品和投资者，且处理问题的方式更加灵活、富有弹性，因此，往往能够表现出更高的监管效率。在坚持法律及监管机构统一监管的同时，发挥中国证券业协会等自律组织的监管作用，将更有利于证券市场监管的效率与安全、公平原则的和谐统一，更有利于投资者合法权益的保护。

③社会团体保护。

社会团体保护是通过有关机构保护投资者合法权益，如投资者保护协会、投资者保护公司等机构都是保护投资者合法权益的非营利性机构。1970年，美国成立了证券投资者保护公司（Securities Investor Protection Corporation）。它是根据美国《证券投资者保护法》成立的一个独立于证券交易所之外的非营利性会员组织，凡在 SEC 注册且其主要业务在美国境内开展的证券经纪商、自营商和国家认可的交易所成员将自动成为证券投资者保护公司的成员。2005年6月，中国人民银行、中国证监会、财政部联合发布了《证券投资者保护基金管理办法》。随后，注册资本为63亿元的中国证券投资者保护基金有限责任公司登记成立，负责基金的筹集、管理和使用。

④国家行政与法律法规保护。

一国投资者法律保护的内容主要从相关法律、法规的规定和执行中得以体现。完善的投资者保护法律体系不仅包括证券法、公司法、破产法等商事法律，还应包括民法、刑法、民事诉讼法、刑事诉讼法的相应规定和处罚程序。其总体上可以分为事前预防性保护规定和事后救济性规定两方面。但是，即便有了完善的法律规则，如果缺乏公正、高效的执法，再完备的法律也只是一纸空文，因此，公正、高效的执法必不可少。

众筹证券的合格投资者需要满足一定条件，具有一定的风险承受能力和投资经验，因此，笔者认为，在其投资者保护方面应将重点放在投资者的自我保护和市场自律组织保护方面，而社会团体保护、国家行政、法律法规保护应作为补充，构成众筹证券投资者保护的最后防线。这不仅有利于投资者更深刻地认知、了解、掌握、运用法律法规、证券相关知识和投资信息，不断提高自我保护能力，也有利于及时、有效地解决有关投资者在众筹证券市场中遇到的纠纷和问题，提高市场效率。

二、适度规制与监管

为实现众筹证券在立法与监管方面达到投资者保护与市场效率相平衡的目标，其法律与监管应遵循一定的原则。而这些原则必须是《证券法》基本精神的高度概括和抽象，其所体现的行为规范和价值判断标准也必须贯穿于众筹证券立法与监管的始终。有学者认为，根据《证券法》总则的有关规定，结合我国证券市场的实践，《证券法》的基本原则应包括保护投资者合法权益原则，公开、公平、公正原则，以及自愿、有偿、诚信原则。[1]也有学者将证券监管法律制度的基本原则总结为公开原则、公正原则、适度原则、高效原则、政府集中统一监管与行业自律监管有机结合原则、分业经营和分业监管原则。[2]笔者认为，众筹证券作为证券众多种类

---

〔1〕 周友苏主编：《证券法通论》，四川人民出版社 1999 年版，第 128 页。

〔2〕 李东方："论证券监管法律制度的基本原则"，载《北京大学学报（哲学社会科学版）》2001 年第 6 期。

中的一种，应根据《证券法》基本原则指导其法律关系中各主体从事证券活动。但依据众筹证券自身的特性，在立法及监管方面遵循适度原则更为重要。

（一）适度原则

1. 适度原则的内涵

适度原则应包括适度立法及适度监管两个方面。许多发达国家和发展中国家的实践都已证明，虽然市场机制存在缺陷，并且其缺陷常常只有依靠政府干预才能克服，但市场机制仍是迄今为止最有效的资源配置工具。市场机制往往以低廉的费用、快速和简便的形式将资源配置信息传递给立法者及监管机构，而一旦政府监管过度，就会减损市场机制的自然功能。因此，如果依靠市场自身的力量能够良好地分配社会资源并且调节好市场参与者之间的关系，则立法及监管无需动用政府公权力对其进行干预。而适度原则就是要求科学地划分市场与政府的边界，将立法及政府监管严格限制在市场失灵的范围内。[1]不让法律与监管的"手"在不必要的环节发挥作用，防止立法及监管的过多干预。同时，立法及监管同样存在过少干预，由于证券市场自身的缺陷，容易发生内幕交易、操纵市场等损害投资者合法权益的行为，这不仅破坏市场秩序，还减损投资者信心。对此，立法者、监管机构应当实施严厉地规制和监管。适度原则还要求监管者不得直接干预证券机构的经营活动，否则，将对证券经营机构的自主经营权造成侵害。适度监管还应充分发挥证券业自律组织和中介机构的作用，证券业协会、会计师事务所、律师事务所、信用评级机构等中介机构也具有社会监督的功能。

2. 适度规制的必要性

首先，我国证券市场起步晚，基础较为薄弱，尽管市场机制在一定程度上可以起到合理配置资源的作用，但在"市场失灵"的情况下，单纯利用市场机制无法实现对生产要素的最佳配置、促进证券市场的发展。因此，需要市场之外的力量——立法及监管机构通过立法和监管对证券市场

---

〔1〕 李东方："证券监管法律制度研究"，西南政法大学 2000 年博士学位论文。

中的不法行为进行规制。然而，监管机构和监管者也并不总是"一心为公"的。作为个体，他们关注其个体利益，作为机构，它们也存在部门利益。而不论是个体利益，还是部门利益，都可能与社会公共利益存在某种程度的冲突。[1]这意味着，监管机构及其工作人员也是"经济人"，也会在监管中追求个人利益的最大化，最终导致"监管失灵"或"政策失效"。其次，由于"监管时滞"（Regulatory lag）的存在，导致监管效应滞后，预期监管效果由于时间受损或产生与预期监管目标相反的效果。同时，被监管者的理性行为可能抵消政府的监管意图，致使政府监管无效。最后，政府监管要遵循成本——效益的法则，监管的程度应与其产生的效益相匹配。原因在于，就其本质，经济领域的政府监管也属于经济活动，其成本因素不容忽视，只有当监管产生的效益超过其成本时，才符合经济理性，若某项监管政策或措施增进的资源配置效益为100，而因此却要付出110的资源成本，则理性的政府一般不会选择实施该项监管政策或措施。[2]"市场失灵"与"监管失灵"同时存在，因此，需要在自由放任与过度监管之间寻找平衡，而适度规制理所当然应当作为国家在制定和实施证券监管法时的一项基本原则。[3]

3. 适度原则应作为众筹证券法律规制的首要原则

笔者认为，众筹证券法律规制尤其应遵循适度监管原则，理由如下：一是，众筹证券在发行环节只能向具有一定投资经验和风险承受能力的"合格投资者"发行，且不得采用广告招揽及任何公开方式进行推广销售，属于私募发行，因此，在规则设定和监管执行方面与公募证券相比应适度宽松；二是，在交易、转售方面，众筹证券的监管重点在于防止通过转售变相公募，因此，在转售合格出让人标准、转售合格受让人标准、转售方式、转售市场、转售市场规则、转售出让人及受让人信息披露、转售证券备案登记、转售违法行为制裁及民事救济措施方面应予以适度的具体

---

〔1〕 岳彩申、王俊："监管理论的发展与证券监管制度完善的路径选择"，载《现代法学》2006年第2期。

〔2〕 参见胡家勇：《政府干预理论研究》，东北财经大学出版社1996年版，第129-130页。

〔3〕 李东方："证券监管法律制度研究"，西南政法大学2000年博士学位论文。

规定。

通过前文对众筹证券发行、转售环节的制度分析、设计可知，保护投资者利益、提高融资效率、防范市场风险三者之间的平衡至关重要，而这种平衡的背后体现着适度原则的精神。而适度原则在立法和监管上不是放任自由，少立法、少监管，而是科学划分市场机制和政府监管的边界，既注重投资者利益保护，又关注市场效率，既避免监管缺位，又防范监管越位。有学者指出，适度监管可从三个方面具体把握：一是，明确划分监管部门的监管范围；二是，准确界定监管部门的权限，不给过度监管留下空间；三是，建立合理的引导机制，变强制性规制为科学性引导。[1]

（二）众筹证券监管体制

证券监管体制是指国家或地区证券监管机构的设置，其法定监管职责、监管手段、监管工作程序以及监管机构与监管对象、其他各有关部门之间的关系等。[2]一国或地区证券监管体制的形成由该国或地区政治、经济、文化以及证券市场的发展程度等多个因素综合形成。虽然，各国或地区的具体情况各不相同，但从总体上仍可将世界各国的证券监管体制归纳为三种类型，即政府主导型、自律主导型和综合型。政府主导型体制以美国为代表，自律主导型以英国为代表，综合型以德国为代表。[3]

1. 政府主导型监管体制

美国是政府主导型监管体制的代表。1929 年由证券市场所引发的经济危机迫使美国政府放弃"自由放任"的经济政策，并直接导致联邦政府从 1933 年开始大规模的证券立法行动。为规范市场行为，重建市场信心，在罗斯福（Roosevelt）总统的推动下，国会通过了《1933 年证券法》《格拉斯—斯蒂尔法案》《1934 年证券交易法》《投资公司法》《投资顾问法》以及《证券投资者保护法》等一系列法律、法规，并建立以政府统一监管为主、市场自律为辅的证券监管体制。根据《1934 年证券交易法》规定，设

---

〔1〕 参见周友苏主编：《新证券法论》，法律出版社 2007 年版，第 14-17 页。

〔2〕 王超："中国证券监管体制的立法再造——《证券法》中证券监管体制规定研究"，载吴志攀、白建军主编：《证券市场与法律》，中国政法大学出版社 2000 年版，第 23 页。

〔3〕 参见李朝晖：《证券市场法律监管比较研究》，人民出版社 2000 年版，第 2-26 页。

立 SEC[1]，它是超党派的准立法、准司法机构，由总统任命、参议院批准的 5 名委员组成，统一监管全国证券活动，[2]对全国证券市场的交易主体和交易行为依法进行监督和管理，其权力不受总统和其他政府部门的干涉。SEC 领导全国性证券交易所、全国市场咨询委员会、全国证券交易商协会等机构实施自律管理。自律监管机构在 SEC 的监管下，依法制定准则、指引，并对会员进行自律管理。

2. 自律主导型监管体制

英国是证券市场发展较早的国家，早在 17 世纪，英国商人就开始了证券交易，并于 1802 年开办了第一家证券交易所。在 1986 年之前，政府对证券市场一直采取自由、放任的态度，对证券市场的监督管理主要由独立于政府之外的证券市场以及交易商自律组织负责。而英国的证券交易所实际上行使着证券市场日常监管职权，其中，伦敦证券交易所在日常监管方面所积累的经验最为丰富，具有较为详尽的监管规则并取得了一定的监管成效。[3]由于全球金融市场的竞争加剧，伦敦全球金融中心的地位逐渐被纽约甚至东京取代，要求变革自律主导型监管体制的呼声日渐高涨。1986年，英国史上著名的金融"大爆炸"（Big boom），直接引发了《金融服务法》（The Financial Service Act）的通过，使英国证券监管体制发生了巨大变化。根据《金融服务法》，证券投资局（The Securities and Investments Board）成立。1997 年，证券投资局更名为金融服务局（Financial Services Authority，FSA），对英格兰银行监管部、证券投资局的职能进行了全面整

---

[1] SEC 下设：公司财务部（Corporation Finance），主要负责审核上市公司的登记文件，并制定信息披露政策；市场监管部（Market Regulation），主要是监管二级市场，以保持公正、公开、有效的市场运行，负责对证券商、自律性组织以及交易活动的监管，并制定对证券商财务监管的政策；投资管理部（Investment Management），负责监管和调节投资管理，并执行对投资公司（包括共同基金）和投资咨询商的管理；执行部（Enforcement），对一切违反证券法的行为进行调查，必要时提请委员会采取行动，并提请联邦法院行政执法人员裁决；首席法律顾问办公室（General Counsel），负责法律问题的咨询；首席会计师办公室（Chief Accountant），负责各种财务政策及相关事务。SEC 还设有经济分析办公室、国际事务办公室等 15 个其他专业部门和行政部门。另外，SEC 除位于华盛顿特区的总部外，在全美国还有 11 个地区代表处。

[2] 陈岱松："论美英证券监管体制之新发展"，载《河北法学》2006 年第 1 期。

[3] 李东方："证券监管法律制度研究"，西南政法大学 2000 年博士学位论文。

合。2000 年 6 月,《金融服务与市场法案》获得批准,该法授予金融服务局全英国范围内涵盖所有金融业务领域的监管权力。[1]

由于政府主导型监管体制和自律主导型监管体制各具优势也各有缺陷,在经历了多次证券市场引发的经济危机后,随着证券市场的日益国际化,各国都逐渐重视吸收其他证券监管体制的优势,改革本国证券监管体制。二十多年来,出现了政府主导型监管体制和自律主导型监管体制相融合的趋势:一是,实行政府主导型监管体制的国家开始逐步通过立法和监管制度的改革,加强自律监管;二是,自律主导型监管体制向政府主导型监管体制逐步靠拢,这点在英国金融"大爆炸"后表现明显;三是,证券监管由分散走向集中,多层次监管体制日益被不同国家采用。[2]

3. 综合型监管体制

综合型监管体制是指在一国或地区的证券监管体系中,以政府监管为主,但政府中不设专门的证券监管机构,而是由主管财政或金融的机构承担监管职责,对金融市场实行综合管理。[3]综合型监管体制介于政府主导型和自律主导型监管体制之间,兼采政府主导型监管和自律主导型监管各自的长处,弥补各自的不足。采用这一监管体制的国家多为大陆法系国家,如德国、法国、意大利等,受大陆法系深刻影响的日本、巴西等也采取这一监管体制。

我国证券市场建立之初,受计划经济体制下政府直接干预经济管理方法的影响,采用的是政府主导型监管体制,基本上建立了证券市场监管的法律法规框架体系和全国性的证券监管机构。通过多年的努力和探索,我国逐步实现了全国集中统一证券市场的三级监管,即中国证监会对全国证券市场的统一监管,中国证监会派出机构对管辖区域内上市公司、证券市场中介机构的日常监管,以及证券交易所和中国证券业协会在中国证监会领导下的自律监管。随着我国市场经济的发展,创新型金融产品不断出

---

[1] 参见廖杰:"证券市场监管法律制度研究",西南政法大学 2010 年硕士学位论文。

[2] 陈岱松:"论美英证券监管体制之新发展",载《河北法学》2006 年第 1 期。

[3] 参见李朝晖:《证券市场法律监管比较研究》,人民出版社 2000 年版,第 7 页。

现，众筹证券作为创新金融产品的代表，应当纳入现有监管体制中的哪个层次，值得深思。笔者认为，在当前关于众筹证券尚未纳入证券法调整范围、合法性尚未得到法律正式确认的情况下，将其纳入自律管理体系比较合理。但考虑到目前自律管理相对薄弱、自律管理规则尚不完善的现状，笔者认为，应加紧立法，从法律上拓宽证券种类。既可以选择将众筹证券作为独立于公募证券和私募证券的一种新型证券进行规范，建立中国证监会的统一监管与交易所的自律监管相结合的监管模式，对其发行、交易过程进行规制，防止证券违法、不当行为的发生，对违法、不当行为人进行惩戒；也可以选择承袭《私募股权众筹融资管理办法（试行）》（征求意见稿）中众筹证券属私募证券的类型划分，按照私募证券监管规则进行政府集中统一监管，并充分发挥行业自律监管的作用，而不是目前该征求意见稿所体现的单一的自律监管。

第二节　众筹"入法"：探寻适度的规制边界

一、众筹证券法律规制的内容

"每一个社会都有他自己的必然会通过法律秩序力图实现的目标反映出来的价值观念。实现法律目标的途径是：承认一定的利益，确定法律确认这些利益的限度，在确定的限度内尽力保护得到承认的利益。"[1]法律对于社会力图实现的目标具有反映、确认的功能，同时，为实现这些目标，划定行为的界限，以保护已被法律所确认的利益。如前所述，目前，我国资本市场上的众筹行为已日渐增多，它们或隐蔽发展，或公开进行，正日益成为正规金融的补充，也逐渐成为社会各界关注的热点。[2]但由于缺乏相应的法律规制和监管，常常被人们将其与非法集资相联系，造成了

---

〔1〕 ［美］伯纳德·施瓦茨：《美国法律史》，王军、洪德、杨静辉译，中国政法大学出版社1989年版，第23页。

〔2〕 张晓朴："互联网金融监管的原则：探索新金融监管范式"，载《金融监管研究》2014年第2期。

极大的误解，也阻碍了更多符合条件的合格投资者参与投资，更不利于多层次资本市场的构建和发展。为了规范众筹行为，法律应对众筹证券发行、交易及信息披露行为进行全面规制，并授权监管机关对上述行为予以审查和监管。

（一）严格界定投资者的资格及人数

众筹证券的风险性高于普通公募证券，因此，将其发行对象界定为合格投资者非常必要。是否符合合格投资者标准是判断众筹发行行为是否合法的重要依据，也是证券监管机构对众筹发行监管的重要内容，同时，也构成众筹证券投资者保护的基础。众筹证券发行制度各环节紧密相连，每个环节都以众筹证券发行对象是合格投资者为基础来制定，如果发行人或承销商违反规定向合格投资者之外的投资者发行或销售众筹证券将导致违法发行。因此，监管机构必须严格审查发行对象的适格性，从源头上确保发行人的众筹发行行为与公共利益无关。由于现行《证券法》已将 200 人以上的发行划定为公募发行，因此，对于发行对象人数的控制与监管，是从范围上确保该发行不涉及社会公众利益。虽然这一规定不尽合理，但在《证券法》尚未修改前，证券发行监管必须遵循这一规定。

（二）发行方式与信息披露

由于众筹证券的发行对象必须为合格投资者，因此，立法和监管必须对其发行方式与信息披露给予足够的关注。不得公开或采用变相公开方式发行证券，不得向不特定对象发行证券。这是为了预防不适格的投资者进入众筹市场。在信息披露方面，合格投资者的投资经验、行业知识以及经济实力，使他们在一定程度上具有与发行人讨价还价的能力，能够通过公开或非公开渠道获得投资决策所需信息，而无需通过发行人强制信息披露来获得保护。因此，监管机关可通过对发行人众筹发行的方式与信息披露情况的更进一步关注和考察，判定其发行行为及信息披露行为的合法合规性，一旦发现问题，监管机构可以通过暂停营业指令处罚众筹平台，以督促平台更勤勉尽责地对待筹资项目。

（三）限制众筹证券转售行为

众筹证券发行采取备案制，豁免了注册、审核程序。由于缺少了监管机构的"把关"，因此，必须在发行端对合格投资者进行限定，在转售端对转售出让方与受让方进行规制。因此，在发行时，发行人、承销商就必须以适当的方式告知投资者本次发行证券为限售证券，必须满足一定的转售条件（包括但不限于限售期、转售合格投资者、转售比例等限制性条件）。当然，如果发行时就明确了该证券可自由转售，则不得适用豁免，而必须履行公募发行方式所要求的注册或审核程序以及披露信息方面的义务。在发行或转售过程中，如果出现购买者并非合格投资者的情况，则应被监管机关认定为公募证券发行与交易。

二、探寻立法与监管的适度边界

（一）不完备法律理论

不完备法律理论（Incomplete law theory）由伦敦经济学院许成钢教授和美国哥伦比亚大学法学院皮斯托（Pistor）教授于 2002 年前后提出。法律的不完备性是该理论的基本前提，"既然法律通常被设计为要长期适用于大量的对象，并且要涵盖大量迥然不同的案件，那么它必然是不完备的。只有当社会经济或技术变革的过程静止时，法律才可能完备。在后农业社会，这显然是不切合实际的幻想"。[1] "由于法律不完备性的存在，导致剩余立法权、执法权在法庭和监管者之间进行分配。"[2] 每个法律体系均在不同的机构之间对立法权及执法权进行分配。最普遍的立法机构包括立法者以及法庭，而法庭同时也是最重要的执法者。立法者和法庭行使原始立法权和执法权。但如果一项既定的法律不可能解决所有未来的案件，任何一个法官甚至任何一个受过教育的个人都无法依据这项法律明确无误、没有偏差地推断出行为人是否违法、应如何处罚，那么，这项法律就

---

〔1〕［美］卡塔琳娜·皮斯托："不完备法律：一种概念性分析框架及其在金融市场监管发展中的应用（上）"，许成钢译，载《比较》第三辑。

〔2〕［美］卡塔琳娜·皮斯托："不完备法律：一种概念性分析框架及其在金融市场监管发展中的应用（上）"，许成钢译，载《比较》第三辑。

是不完备的，需要解释和发展，而如何用它处理新案件的权力也需要分配。这种解释、发展以及如何运用的权力被称为剩余立法权和执法权。这些权力可以分配给法庭或其他机构，如监管者。[1]

1. 剩余立法权的分配理论

在不成文法下，执法过程与立法过程是交互作用的，而在成文法中，执法和立法是相互分离的。换句话说，在成文法中，立法工作严格地由立法者来做的；而在不成文法中，原则性的立法由立法者完成，所有进一步的衍生和演变则都由法官来完成。这就是在法律不完备的情况下不同法律制度所作出的反应。[2]可见，在不成文法制度中，法庭必须保持绝对中立，为了保证在案件审理中的不偏不倚，法官不能介入对案情的调查活动。他作出判断的依据只能是原被告双方的辩论，法官所起的作用是保证向陪审团解释相关法律的正确性和审判程序的正当性。陪审团根据已了解的法律（包括判例）及原被告双方的辩论，投票决定被告行为是否违法。如果根据既有的法律无法作出判断（即既有法律不完备时），法官通过创造性的解释造法，赋予法律一些以前没有的新含义，而这些"新含义"就成为新判例。[3]"在成文法制度中，成文法是主要法律渊源，法官造法功能较弱，甚至存在着许多禁止法官造法的理论和立法。"[4]"成文法国家的法官在案件审判过程中，只是负责将立法中的抽象正义转化成为司法中的个案正义，其司法活动必须依法裁判，不具有创造法律的职责和功能。""进入21世纪以来，欧洲大陆法律自由探究运动兴起，多数成文法国家的学者仍然主张法官不能造法，但他们也认为，在运用法律过程中，需要解释法律，特别是在法律规定不明确、法律条文与立法目的冲突的情况下，法

[1] 参见〔美〕卡塔琳娜·皮斯托："不完备法律：一种概念性分析框架及其在金融市场监管发展中的应用（上）"，许成钢译，载《比较》第三辑。

[2] 许成钢："法律、执法与金融监管——介绍'法律的不完备性'理论"，载《经济社会体制比较》2001年第5期。

[3] 许成钢："法律、执法与金融监管——介绍'法律的不完备性'理论"，载《经济社会体制比较》2001年第5期。

[4] 赵辉："法官造法与依法裁判的悖论及其消解——由德国行政法的渊源说开去"，载《德国研究》2006年第4期。

官不得拒绝审判，而应在法律原则的支持下，进行法律漏洞的补充和利益的衡量。"〔1〕

两种制度下，法官造法功能上如此明显的差异造成实行成文法制度的国家与不成文法制度的国家在剩余立法权分配上的不同制度选择。不成文法国家由于法官造法的普遍性，剩余立法权的分配倾向于法庭，成文法国家法官造法并不盛行，剩余立法权的分配则倾向于监管者。〔2〕且由于法律对监管者"造法"所采取的制度性约束完全不同，这使得它能以不同于立法者或法庭的方式来制定和执行法律。

2. 剩余执法权的分配理论

在执法方面，"法庭和监管者行使剩余执法权的程序和时间不同。法庭的职能被设计为中立裁判者，这是以法治为基础的法律体系的本质特征之一。因此，法庭是被动的，并且仅在起诉之后才能行使其立法权及执法权。也就是说，即使那些应该受到干涉的事件展现在法庭面前，他们也无权采取行动。相反，监管者被设计成主动执法者，主动式执法包括多种职能，涉及控制市场准入、监督各种活动、开展调查、禁止损害行为，以及对违法者予以行政制裁"。〔3〕监管者执法的优势还在于，监管者在违法行为发生之前或发生之后都能够执行法律，若在执法过程中出现错误，监管者还能以灵活的方式对过去的错误有所反应并加以改正。但著名法学家理查德·波斯纳（Richard Posner）认为，执法只需要法庭而不需要监管者。他指出，现实中的监管者之所以会存在，实际上是利益集团造成的。因为利益集团需要向立法者游说才有可能获得法律上的支持，而这种支持是间

---

〔1〕 "法社会学视野中的法官造法"，载 http://www.chinacourt.org/article/detail/2012/12/id/802047.shtml，最后访问时间：2019 年 5 月 5 日。

〔2〕 监管者在事前和事后都能创设及执行法律。由于监管者是主动执法的，因此只要发现足够高的预期损害程度，他们就可以开展执法程序。而且，他们可以用立法权改写或变更规则，以回应所观察到的社会经济或技术变革。较之立法者，监管者能更灵活地行使立法权。他们不必通过冗长的立法过程，却可以在其立法权限内，以简单程序改写及变更法律。只要法律将监管者的管辖权界定得足够准确。

〔3〕 ［美］卡塔琳娜·皮斯托："不完备法律：一种概念性分析框架及其在金融市场监管发展中的应用（上）"，许成钢译，载《比较》第三辑。

接的，而监管所发挥的作用是直接的，名义上是执法，实际上是为利益集团服务。所以，对整个社会来说，有监管者比没有监管者效益更差。[1]科斯也认为，在不存在交易成本的情况下，如果有法庭能帮助执行契约，则根本不需要政府以及监管者的干预。科斯定理甚至认为，如果交易成本为零，在人与人之间存在契约的情况下，监管的存在并无意义。因为，法律是一个大契约，个人与个人之间、法人与法人之间的是小契约。法律是国民全体的社会契约，不仅存在于一代之间，而且贯穿于很多代、无穷代人之间，法庭即可帮助契约的执行，无需监管插手干预。[2]但是，"市场失灵"的存在、诉讼成本的高企致使监管者的进入，在没有监管和监管者的情况下，法庭执法的前提为当事人的起诉，这会涉及诉讼的成本问题，若当事人放弃诉讼权利，则其合法利益将遭遇永久的伤害而无法获得弥补，而监管者可以在当事人利益尚未受到损害时，及时制止违法行为，也可以在当事人受到违法行为侵害后，对加害人施以惩戒或处罚。因此，试图仅靠提高判例法或成文法的完备性对违法行为进行阻吓，已被事实证明失败，最终这一方式不得不让位于监管者的监管。[3]

（二）众筹证券立法与监管的适度边界

众筹证券属新生事物，立法与监管尚待完善。2014年12月18日，中国证券业协会发布了《私募股权众筹融资管理办法（试行）》（征求意见稿），该征求意见稿作为自律监管规则先于相关法律法规的出台，是在法律不完备性理论下，将剩余立法权先于原始立法权进行分配的具体表现。笔者认为，这对众筹证券的健康发展非常必要。原因在于，在《证券法》尚未修订、众筹证券合法性尚未明确的情况下，由执法机构以剩余立法权分配的形式承认众筹证券的合法地位，将众筹证券发售行为与非法集资活

---

〔1〕　许成钢："法律、执法与金融监管——介绍'法律的不完备性'理论"，载《经济社会体制比较》2001年第5期。

〔2〕　许成钢："法律、执法与金融监管——介绍'法律的不完备性'理论"，载《经济社会体制比较》2001年第5期。

〔3〕　刘春彦、黄运成："不完备法律理论及对我国证券市场监管的启示"，载《河北法学》2006年第9期。

动相区别，为现阶段众筹市场的进一步发展、繁荣提供了制度上的保障。"立法者不能预见未来所有的可能的事件，也就不可能制定完备的法律"，[1]许成钢教授甚至认为，在许多情况下，更完备的法律可能会导致法律在实际效果上的更不完备，因为执法者没有足够的剩余立法权和自由裁量权去解决复杂的案例。[2]在立法程序上，监管者无需通过复杂、冗长的立法过程设定监管规则，却可以在其立法权限内，以简单、便捷的程序改写、变更法律。且只要法律将监管者的立法权界定得足够准确，就不会侵犯立法机关的权力。[3]为了确保众筹证券市场有序运行，同时不受来自法律与监管的过度干预，在剩余立法权的分配方面应遵循合理性原则。该原则主张，执法机关应在客观、适度、合乎理性的基础上，针对特定社会问题行使自由裁量权。在法律没有规定限制条件的情况下，或者法律没有规定明确的范围和方式，而只规定了模糊标准的前提下，监管机关应根据实际情况和对法律的合理解释，作出符合立法目的和社会公共道德的监管立法和具体措施。[4]

　　但正是因为监管能够填补立法在及时性、主动性方面的不足，合理性原则对监管者提出了更高的道德要求。同时，监管也并非毫无成本。监管者执法不足或执法过度都会产生社会成本，监管者也可能在立法及执法过程中出现错误，进而导致监管失灵。于是，便产生了新的问题：在何种条件下将立法、执法权分配给法庭是最优的？何时应该将剩余立法、执法权再分配给监管者？在何种情况下以法庭执法补充监管执法会更好？不完备法律理论认为，有两个重要因素影响选择：一是标准化；二是预期损害的程度。标准化"是指一种能力，即以合理成本对损害行为及结果进行描述，以便监管者能够行使主动式执法。主动式执法的有效性取决于监管者

---

〔1〕　［美］卡塔琳娜·皮斯托："不完备法律：一种概念性分析框架及其在金融市场监管发展中的应用（上）"，许成钢译，载《比较》第三辑。

〔2〕　龙超："证券监管的原因与结构分析"，复旦大学2003年博士学位论文。

〔3〕　［美］卡塔琳娜·皮斯托："不完备法律：一种概念性分析框架及其在金融市场监管发展中的应用（上）"，许成钢译，载《比较》第三辑。

〔4〕　罗豪才主编：《行政法学》，北京大学出版社2001版，第24页。

监督市场以及确定行为及其结果的类型的能力";〔1〕预期损害的程度意味着,"如果预期损害的程度低,事后立法和被动式执法的约束则是可以容忍的"。〔2〕预期损害程度低包括两种情形:一是受害人可能遭受的损害程度较轻;二是仅有少数受害人可能受到潜在损害。但如果预期损害程度极大,法庭执法将趋于无效,因为它的被动性,所以通常来得太晚。而监管执法是主动的,通过设置壁垒、持续监管和调查,可以预防损害发生。因此,"只有当行为能够加以标准化,并且这些行为可能产生极大的损害和负外部性时,由于被动式执法无法对其进行充分救济,监管者主动执法所付出的代价才是合理的"。〔3〕一方面,将众筹证券剩余立法权先于原始立法权进行分配的决策,反映出立法及监管层对于众筹证券行业发展的重视程度;另一方面也说明,如果放任众筹证券行业无准入门槛、无行业标准、无监管机构的"三无状态"继续下去,则可能导致足以蔓延至整个行业的风险产生。在金融市场,尤其是证券市场,"如果仅仅是几个股东在进行欺诈,当然不会削弱证券市场的发展能力。但是,如果整个证券市场欺诈过于普遍,就会削弱投资者对证券市场的信心从而损害经济"。〔4〕

笔者不否认,将众筹证券领域的剩余立法权先于原始立法权进行分配对其健康发展非常必要。但是,如何划分众筹证券立法与监管的适度边界值得深思。笔者认为:

首先,应对《证券法》中关于证券的定义进行拓展。明确规定众筹证券属于《证券法》所调整的证券。《证券法》关于发行、交易、上市、持续信息披露、禁止交易行为以及法律责任方面的规定也同样适用于众筹证券。虽然,目前中国证券业协会的自律规则将众筹证券划入私募证券的范

---

〔1〕 [美]卡塔琳娜·皮斯托:"不完备法律:一种概念性分析框架及其在金融市场监管发展中的应用(上)",许成钢译,载《比较》第三辑。

〔2〕 [美]卡塔琳娜·皮斯托:"不完备法律:一种概念性分析框架及其在金融市场监管发展中的应用(上)",许成钢译,载《比较》第三辑。

〔3〕 [美]卡塔琳娜·皮斯托:"不完备法律:一种概念性分析框架及其在金融市场监管发展中的应用(上)",许成钢译,载《比较》第三辑。

〔4〕 [美]卡塔琳娜·皮斯托:"不完备法律:一种概念性分析框架及其在金融市场监管发展中的应用(上)",许成钢译,载《比较》第三辑。

围当中，结合目前众筹证券的发展现状有其合理性，但受制于私募证券的发行对象必须低于 200 人以及私募证券合格投资者准入条件的硬性规定，不能充分发挥众筹证券普惠金融的特性，因此，笔者建议，在该自律规则运行一段时间后，立法和监管者可以考虑将众筹证券单独作为一个证券种类加入《证券法》，只对合格投资者、单个项目投资金额以及全年投资总额作出限制性规定，对发行对象人数不作要求。这不仅有利于拓宽众筹证券融资渠道，使筹资企业募集到更多资金，也会促使更多的投资者进入众筹市场，分享实体经济发展带来的好处。

其次，以立法的形式确认统一监管。众筹证券作为新的证券种类，其市场活力尚未充分显现，对经济发展的影响程度尚待观察，因此，监管机构对此均持谨慎态度，对其监管权尚未出现竞争。笔者认为，此时对众筹证券的监管权以立法的形式统一划分至证券监管机构有利于全国统一市场的形成和众筹证券行业的健康发展。中国债券市场和私募证券市场"九龙治水"的规制格局一定程度上已经成为其发展障碍，不同监管主体在监管认知、理念、目标等方面各有特色，导致债券市场和私募证券市场到目前为止还处于无法统一的状态，使得债券和私募证券在法律规制中充满了竞争与冲突，在监管方面时常出现缺位与越位现象。为了避免重蹈覆辙，必须以立法的形式确立众筹证券的统一监管。

再次，在执法方面确认适度监管。由于众筹证券不同于公募证券，应对其实施有限度的监管。现阶段，在自律监管规则将其定义为私募证券的情况下，主要是通过合同约定募集资金的使用、转售限制、信息披露、利益分配等事项。因此，监管机构不适合过度介入，毕竟合同是双方当事人意思自治的体现，应遵循平等、自由、公平和诚实信用原则。而对于众筹市场上可能出现的欺诈行为，如虚假陈述、欺诈客户和出具虚假报告、违规承销等行为应密切注意，严格监管。在责任追究方面，要确立科学的理念，倡导"民行并重"，克服传统的"重行（刑）轻民"的立法思想；并尽快建立相应的具体责任制度，如众筹证券投资者诉权安排、举证责任设置、案件受理标准、民事赔偿标准等；在行政责任方面，为适应众筹证券适度监管体制，应防止简单套用公募证券行政责任的相关规定。

最后，坚持备案制，不能变相成为审批制。根据自律规则的规定，平台应当在众筹项目发布融资计划书之日起 5 个工作日内将融资计划书报中证资本市场发展监测中心有限责任公司备案，已经确立了众筹证券发行的事后备案制度。对此，笔者建议应明确备案制的定义，对备案的门槛、内容、审查方式、法律责任等予以细化，防止备案制变相成为审批制。同时，依照行政监管和自律监管相结合的原则，对众筹证券行业进行分类监管，对发行规模低于规定数额的，豁免注册，事后备案即可；但是，如果发行规模达到或超过规定数额，则应履行注册程序。

结　论

众筹证券的出现得益于互联网发展和现实市场需求，由于其融资的快速性、便利性，近几年在中国得到了迅速的发展，形成了一定的市场规模。但有关法规却迟迟未能出台，2014 年，仅有中国证券业协会制定的自律规则《私募股权众筹融资管理办法（试行）》（征求意见稿）面世，且尚未正式发布施行。由此可见，中国众筹证券行业尚处于实践先行，法律滞后的状态。法律和监管的缺位，将投资者和融资者暴露在复杂风险之中，甚至还可能涉及非法集资，不利于众筹证券市场的稳定，更不利于保护投资者的合法权益，甚至可能阻碍众筹证券行业的健康发展。通过观察、梳理发达国家关于众筹证券立法和监管的经验，发现美国《初创期企业推动法案》及其配套规则《众筹规则》明确规定了众筹证券的发行、转售、信息披露及投资者保护制度，明确了众筹证券违法行为法律责任，具有较高的参考价值和借鉴意义。但中国和美国毕竟存在诸多差异，中国众筹证券的规制和监管有其自身的特点，因此，立足本土实际情况，以现有的证券法律法规为基础，制定符合中国国情和众筹市场发展阶段的规则体系非常必要。本书通过对众筹证券发行、转售、法律责任制度的研究提出了构建众筹证券系统性法规的建议，并得出如下结论。

首先，虽然《私募股权众筹融资管理办法（试行）》（征求意见稿）将现阶段的众筹证券发行定义为私募发行，但本质上讲，众筹证券不同于公募证券，也不同于私募证券，它的发行应为众筹发行，是一种单独的发行方式。目前，像美国《初创期企业推动法案》那样，在国内以众筹发行的方式进行众筹活动的条件尚不成熟。造成这种局面的原因很多，如果完全放开，可能会产生一系列风险。但众筹发行作为一种独特的发行方式是一个方向，也是众筹业务模式的核心组成部分。目前，监管层将其划归私募发行的原因在于我们需要更多实践经验的积累。

其次，众筹证券已经进入了监管层的视野，但尚未纳入立法计划，面对正在野蛮生长的众筹证券市场，缺少法律、监管规则的状态亟待改善，立法活动势在必行。

在发行审核制度方面，中国证券业协会将股权众筹发行定义为非公开发行，也就是私募发行，笔者认为可能影响众筹"普惠金融"优势的发挥。原因在于：一是，私募发行的发行对象不能超过 200 人，限制了参与人数与筹资金额；二是，私募发行的合格投资者一般门槛较高。在《私募股权众筹融资管理办法（试行）》（征求意见稿）中将合格投资者定义为具备相应风险识别能力和风险承担能力的单位（净资产不低于 1000 万元）和个人（金融资产不低于 300 万元或者最近 3 年个人年均收入不低于 50 万元）。此项对于合格投资者的界定是否准确，有待商榷。但值得欣喜的是，该征求意见稿规定："股权众筹平台应当在众筹项目自发布融资计划书之日起 5 个工作日内将融资计划书报市场监测中心备案。"也就是说，对于众筹股票的发行审核制度，监管机关采取了事后备案制，这实际上相当于注册豁免。

在众筹证券转售制度构建方面，由于众筹证券所依托的转售制度基础相当薄弱，有必要在转售合格出让人标准、转售合格受让人标准、转售方式、转售市场、转售市场规则、转售出让人及受让人信息披露、转售证券备案登记、转售违法行为制裁及民事救济措施方面予以具体规定。毕竟，众筹证券市场不同于交易所市场，其交易对象的风险性较大，仅对发行认购人进行限制并不能达到充分保护投资者的目的，在发行后的转售端进行明确规制才能完成众筹证券一、二级市场投资者保护的目标。

在众筹证券法律责任体系构建方面，笔者认为任何法律都不能没有"牙齿"，没有法律责任的法律规制在实践中只会沦为一纸空文。因此，构建科学、严谨的法律责任体系，不仅是证券市场法律规制的重要内容，更是证券投资者权益最有力的保障。在民事责任的构建方面，从保护投资者利益出发，笔者建议，相关部门可以考虑对众筹证券虚假陈述行为适用与公募证券同样的反欺诈法律规制，从而更好地保护投资者权益和维护市场的规范性、有效性；在刑事责任方面，由于行为性质的相似性，差异的模糊性，法规本身的缺陷性，使得非法集资与众筹证券发行、销售活动在实践中出现了难以准确区分的困局。究其根源，或许是非法集资监管制度本身在设计上存在缺陷。除了那些以非法占有为目的的集资诈骗活动外，对于存在合理需求的非法集资活动不应一味禁止。笔者认为就此问题，一方面需要出台相应的管理规则对其进行规范，另一方面更为重要的是颁布安全港规则，划定合法众筹与集资诈骗罪，非法吸收公众存款罪，擅自发行股票或公司、企业债券罪的边界，引导中国众筹证券业采取合法、适当的商业模式，以保护投资者的合法权益。

最后，为实现保护投资者利益，保证市场公平、高效和透明以及减少系统性风险的监管目标，如何划分众筹证券立法与监管的适度边界值得深思。笔者认为，第一，应对《证券法》中关于证券的定义进行拓展；明确规定众筹证券属于《证券法》所调整的证券。《证券法》关于发行、交易、上市、持续信息披露、禁止交易行为以及法律责任方面的规定也同样适用于众筹证券。第二，以立法的形式确认统一监管；众筹证券作为新的证券种类，其市场活力尚未充分显现，对经济发展的影响程度尚待观察，因此，监管机构对此均持谨慎态度，对其监管权尚未出现竞争。笔者认为，此时对众筹证券的监管权以立法的形式统一划分至证券监管机构有利于全国统一市场的形成和众筹证券行业的健康发展。第三，在执法方面确认适度监管；由于众筹证券不同于公募证券，应对其实施有限度的监管。第四，坚持备案制，不能变相成为审批制。目前，监管层已经确立了众筹证券发行的事后备案制度，对此，笔者建议应明确备案制的定义，对备案的门槛、内容、审查方式、法律责任等予以细化，防止备案制变相成为审批制。同时，依照行政监管和自律监管相结合的原则，对众筹证券行业进行分类监管。

参考文献

一．中文文献

（一）著作类

1. 周友苏主编：《新证券法论》，法律出版社 2007 年版。

2. ［美］路易斯·罗思、乔尔·赛里格曼：《美国证券监管法基础》，张路等译，法律出版社 2008 年版。

3. ［美］莱瑞·D. 索德奎斯特（Larry D. Soderquist）：《美国证券法解读》，胡轩之、张云辉译，法律出版社 2005 年版。

4. 郭雳：《美国证券私募发行法律问题研究》，北京大学出版社 2004 年版。

5. 高如星、王敏祥：《美国证券法》，法律出版社 2000 年版。

6. 杨志华：《证券法律制度研究》，中国政法大学出版社 1995 年版。

7. 彭冰：《中国证券法学》，高等教育出版社 2005 年版。

8. 叶林主编：《证券法教程》，法律出版社 2005 年版。

9. 周正庆主编：《证券知识读本》，中国金融出版社 1998 年版。

10. 刘俊海：《现代公司法》，法律出版社 2008 年版。

11. 王文宇：《新金融法》，中国政法大学出版社 2003 年版。

12. 强力：《金融法》，法律出版社 2004 年版。

13. 罗明雄、唐颖、刘勇：《互联网金融》，中国财政经济出版社 2013 年版。

14. 姚文平：《互联网金融 即将到来的新金融时代》，中信出版社 2014 年版。

15. 盛佳、柯斌、杨倩主编：《众筹：传统融资模式颠覆与创新》，机械工业出版社 2014 年版。

16. 陈宇：《风吹江南之互联网金融》，东方出版社 2014 年版。

17. 芮晓武、刘烈宏主编：《互联网金融蓝皮书：中国互联网金融发展报告（2014）》，社会科学出版社 2014 年版。

18. 谢平、邹传伟：《中国金融改革思路：2013—2020》，中国金融出版社 2013 年版。

19. 谢平、邹传伟、刘海二：《互联网金融手册》，中国人民大学出版社 2014 年版。

20. 零壹财经、零壹数据：《中国 P2P 借贷服务行业白皮书 2014》，中国经济出版社 2014 年版。

21. 第一财经新金融研究中心：《中国 P2P 借贷服务行业白皮书 2013》，中国经济出版社 2013 年版。

22. ［美］罗伯特·希勒：《金融与好的社会》，束宇译，中信出版社 2012 年版。

23. 卢现祥：《西方新制度经济学》，中国发展出版社 2003 年版。

24. 程恩富、胡乐明主编：《新制度经济学》，经济日报出版社 2005 年版。

25. 汪丁丁：《制度分析基础：一个面向宽带网时代的讲义》，社会科学文献出版社 2002 年版。

26. 张文显：《二十世纪西方法哲学思潮研究》，法律出版社 1996 年版。

27. 中国证券业协会编：《证券发行与承销》，上海财经大学出版社 2002 年版。

28. 张育军：《投资者保护法律制度研究》，人民法院出版社 2006 年版。

29. 齐斌：《证券市场信息披露法律监管》，法律出版社 2000 年版。

30. 盛学军：《证券公开规制研究》，法律出版社 2004 年版。

31. 齐斌：《信息披露法律制度研究》，法律出版社 2000 年版。

32. 郭锋主编：《中国资本市场若干重大法律问题研究——以投资者权益为中心》，法律出版社 2008 年版。

33. 王国刚：《中国资本市场的深层问题》，社会科学文献出版社 2004 年版。

34. 林国全：《证券交易法研究》，中国政法大学出版社 2002 年版。

35. 王利明：《违约责任论》，中国政法大学出版社 2000 年版。

36. 赵万一主编：《证券交易中的民事责任制度研究》，法律出版社 2008 年版。

37. 李东方：《证券监管法律制度研究》，北京大学出版社 2003 年版。

38. 陈洁：《证券欺诈侵权损害赔偿研究》，北京大学出版社 2002 年版。

39. 程啸：《证券市场虚假陈述侵权损害赔偿责任》，人民法院出版社 2004 年版。

40. 金泽刚：《证券市场监管与司法介入》，山东人民出版社 2004 年版。

41. 黄运成、申屹、刘希普：《证券市场监管：理论、实践与创新》，中国金融出版社 2001 年版。

42. 谢百三主编：《证券市场的国际比较》（上册、下册），清华大学出版社 2003 年版。

43. 吴志攀、白建军主编:《证券市场与法律》,中国政法大学出版社 2000 年版。

44. 张忠军:《金融监管法论——以银行法为中心的研究》,法律出版社 1998 年版。

45. 〔美〕E. 博登海默:《法理学法律哲学与法律方法》,邓正来译,中国政法大学出版社 1999 年版。

46. 邱本:《自由竞争与秩序调控——经济法的基础建构与原理阐析》,中国政法大学出版社 2001 年版。

(二) 报纸期刊类

1. 李有星、杨俊:"论我国证券法定范围引发的问题及其解决方案",载《时代法学》2012 年第 4 期。

2. 姚海放:"论证券概念的扩大及对金融监管的意义",载《政治与法律》2012 年第 8 期。

3. 吴弘:"议我国证券法调整对象的扩大",载《政治与法律》2004 年第 1 期。

4. 吴志攀:"《证券法》适用范围的反思与展望",载《法商研究》2003 年第 6 期。

5. 彭冰:"非法集资活动规制研究",载《中国法学》2008 年第 4 期。

6. 郭雳、郭励弘:"私募发行在美国证券市场中的重要地位",载《首席财务官》2008 年第 4 期。

7. 张育军:"从投资者权益保护看我国《证券法》修改",载《证券市场导报》2005 年第 5 期。

8. 刘燕、楼建波:"从'账户权利'到'中介化证券':《中介化证券实体法公约》核心概念的演变",载《证券法苑》2011 年第 5 期。

9. 陈岱松:"论美英证券监管体制之新发展",载《河北法学》2006 年第 1 期。

10. 曹凤岐:"互联网金融对传统金融的挑战",载《金融论坛》2015 年第 1 期。

11. 袁康:"资本形成、投资者保护与股权众筹的制度供给——论我国股权众筹相关制度设计的路径",载《证券市场导报》2014 年第 12 期。

12. 崔冬冬:"股权众筹的发展探析",载《中国证券》2014 年第 8 期。

13. 蓝海平、龚映清:"众筹的发展趋势与监管选择",载《中国证券》2014 年第 8 期。

14. 肖本华:"美国众筹融资模式的发展及其对我国的启示",载《南方金融》2013 年第 1 期。

15. 赵英杰、张亚秋:"JOBS 法案与美国小企业直接融资和监管制度变革研究",载《金融监管研究》2014 年第 2 期。

16. 吴景丽:"互联网金融的基本模式及法律思考(下)",载《人民法院报》2014 年

4月2日，第7版。

17. 吴海生："美国P2P和众筹的监管经验：全面信息披露与风险提示"，载《证券日报》2014年1月17日，第B01版。

18. 张亦工："交易费用、财产权利与制度变迁——新制度经济学理论体系透视"，载《东岳论丛》2000年第5期。

19. 卢现祥："西方新制度经济学的流派渊源关系及其发展趋势"，载《经济评论》2004年第5期。

20. 欧阳日辉、徐光东："新制度经济学：发展历程、方法论和研究纲领"，载《南开经济研究》2004年第6期。

21. 张五常："新制度经济学的现状及其发展趋势"，载《当代财经》2008年第7期。

22. 郑志刚："新制度经济学的研究方法与交易成本范式"，载《南开经济研究》2002年第6期。

23. 张春丽："证券交易中的个人投资者保护：以公共利益理念的回归为核心》，载《法学》2011年第6期。

24. 蒋俊贤："投资者保护制度变革、融资偏好与资本结构"，载《经济问题》2013年第3期。

25. 柳建华、魏明海："投资者保护的内涵与分析框架"，载《中山大学学报（社会科学版）》2010年第3期。

26. 武俊桥："证券市场投资者适当性原则初探"，载《证券法苑》2010年第2期。

27. 赵晓钧："欧盟《金融工具市场指令》中的投资者适当性"，载《证券市场导报》2011年第6期。

28. 张付标、李玫："论证券投资者适当性的法律性质"，载《法学》2013年第10期。

29. 钱康宁、蒋健蓉："股票发行制度的国际比较及对我国的借鉴"，载《上海金融》2012年第2期。

30. 耿志民："论中国股票发行制度变迁的内在机制"，载《郑州大学学报（哲学社会科学版）》2007年第2期。

31. 岑健："新股发行制度改革的反思和政策建议"，载《新金融》2011年第1期。

32. 王从容、李宁："法学视角下的证券市场信息披露制度若干问题的分析"，载《金融研究》2009年第3期。

33. 梁清华："论我国私募信息披露制度的完善"，载《中国法学》2014年第5期。

34. 武俊桥："论证券信息披露简明性规则：以网络时代为背景"，载《证券市场导报》

2011 年第 11 期。

35. 叶向荣、贾翱："论我国私募证券转售制度的完善"，载《证券市场导报》2010 年第 6 期。

36. 周友苏、罗华兰："论证券民事责任"，载《中国法学》2000 年第 4 期。

37. 王利明："我国证券法中民事责任制度的完善"，载《法学研究》2001 年第 4 期。

38. 薛峰："证券法中民事责任的设定方式研究"，载《中国法学》2003 年第 1 期。

39. 周友苏、蓝冰："证券行政责任重述与完善"，载《清华法学》2010 年第 3 期。

40. 许前川："论证券行政责任"，载《成都行政学院学报》2006 年第 5 期。

41. 杨凤："政府监管的一种规范分析——传统公共利益理论述评及其政策应用"，载《经济纵横》2007 年第 24 期。

42. 周文、李友爱："西方有效市场理论及评述"，载《财经理论与实践》1999 年第 1 期。

（三）学位论文类

1. 吴国基："证券发行审核制度研究"，对外经济贸易大学 2005 年博士学位论文。

2. 李翔："我国信贷资产证券化发展问题研究"，河北大学 2014 年硕士学位论文。

3. 翟哲："我国银行信贷资产证券化研究"，云南财经大学 2014 年硕士学位论文。

4. 武俊桥："证券信息网络披露监管法律制度研究"，武汉大学 2010 年博士学位论文。

5. 姚晋升："非上市公众公司信息披露制度研究"，中国政法大学 2009 年硕士学位论文。

6. 张旭娟："中国证券私募发行法律制度研究"，中国政法大学 2005 年博士学位论文。

7. 刘凤根："有效市场理论及其在中国证券市场中的应用研究"，湘潭大学 2004 年硕士学位论文。

8. 杨柏国："中国私募证券法律规制研究"，华东政法大学 2011 年博士学位论文。

9. 李东方："证券监管法律制度研究"，西南政法大学 2000 年博士学位论文。

二、外文文献

1. C. Steven Bradford, "Crowdfunding and the Federal Securities Laws", *Columbia Business Law Review*, No. 1, 2012.

2. Joan Mac Leod Heminway, Shelden Ryan Hoffman, "Proceed at Your Peril：Crowdfunding and the Securities Act of 1933", *Tenn. L. Rev.* Vol. 78, 2011.

3. Susanna Khavul, "Microfinance：Creating Opportunities for the Poor", *Academy of Manage-*

ment Perspectives, Vol. 24, 2010.

4. Paul Slattery, "Square Pegs In A Round Hole: SEC Regulation Of Online Peer-To-Peer Lending And The CFPB Altenative", *Yale Journal on Regulation*, Winter 2013.

5. Thomas Lee Hazen, "Crowdfunding or Fraudfunding? Social Networks and the Securities Law: Why the Specially Tailored Exemption Must Be Conditioned On Meaningful Disclosure", *North Carolina Law Review*, Vol. 90, 2012.

6. Edan Burkett, "A Crowdfunding Exemption? Online Investment Crowdfunding And U. S. Securities Regulation", *The Tennessee Journal of Business Law*, Fall, 2011.

7. Jacques F. Baritot, "Increasing Protection For Crowdfunding Investors Under The JOBS Act", *U. C. Davis Business Law Journal*, Spring 2013.

8. Thaya Brook Knight, Huiwen Leo, Adrian A. Ohmer, "A Very Quiet Revolution: A Primer On Securities Crowdfunding And Title III Of The JOBS Act", *Michigan Journal of Private Equity & Venture Capital Law*, Fall 2012.

9. Eric R. Smith, Parker B. Morrill, "Keeping Current: Crowdfunding: The Real Thing Is Almost Here", *Business Law Today*, November, 2013.

10. Paul Belleflamme, Thomas Lambert, Armin Schwienbacher, "Crowdfunding: Tapping the Right Crowd", *Center for Operations Research & Econometrics*, Discussion Paper No. 2011.

11. "US Securities and Exchange Commission: Crowdfunding [R]", 2013, http://www. sec. gov/rules/proposed/proposedarchive/proposed2013. shtml.

12. Steven Bradford, "Crowdfunding and The Federal Securities Laws Draft", http://www. sec. gov/info/smallbus/acsec/bradford_ crowdfunding. pdf.